临沂戏曲艺术家评传丛书

戏篓子
——尹桂霞评传

中国戏剧出版社

图书在版编目（CIP）数据

戏篓子：尹桂霞评传 / 杨玉芹，上官修启著. --
北京：中国戏剧出版社，2017.11
ISBN 978-7-104-04597-7

Ⅰ．①戏… Ⅱ．①杨… ②上… Ⅲ．①尹桂霞—评传
Ⅳ．①K825.76

中国版本图书馆CIP数据核字（2017）第266188号

戏篓子：尹桂霞评传

责任编辑： 肖　楠
项目统筹： 薛法森
责任印制： 冯志强

出版发行	中国戏剧出版社
出 版 人	樊国宾
社　　址	北京市西城区天宁寺前街2号国家音乐产业基地L座
邮　　编	100032
网　　址	www.theatrebook.cn
电　　话	010-63385980（总编室）
传　　真	010-63383910（发行部）

读者服务：010-63387610
邮购地址：北京市西城区天宁寺前街2号国家音乐产业基地L座

印　刷	北京鑫瑞兴印刷有限公司
开　本	787mm×1092mm　1/16
印　张	16
字　数	208千字
版　次	2017年11月　北京第1版第1次印刷
书　号	ISBN 978-7-104-04597-7
定　价	58.00元

版权专有，违者必究；如有质量问题，请与出版社联系调换。

目　录

第一章　家世：尹成潭与"尹家班"

　　一、爷爷尹成潭拖家带口南下逃荒 …… 3

　　二、为养家糊口学唱拉魂腔 …… 4

　　三、口传心授教出一个"尹家班" …… 8

　　四、拉魂腔各路传播，众班社功不可没 …… 10

第二章　幼年学艺只为生存

　　一、随父学戏 …… 15

　　二、学戏的苦，赛黄连 …… 16

　　三、初次登台 …… 18

　　四、未裹小脚的幸运 …… 21

　　五、机缘巧逢"春生哥" …… 22

　　六、"打戏"的是与非 …… 24

第三章　旧时演艺的辛酸泪

　　一、一家人四处唱戏讨生活 …… 29

　　二、遭欺凌泪往肚里流 …… 31

　　三、吃着百家饭，夜宿在破庙 …… 33

第四章　戏班里的"金童玉女"

一、苦孩子拜师学戏练苦功 …… 39

二、"碰班子"碰出黄金搭档 …… 41

三、青出于蓝而胜于蓝 …… 43

四、二英子热心传戏 …… 47

第五章　抗战演出找到价值与自尊

一、投身抗战宣传 …… 53

二、从旧艺人到文化战士 …… 55

三、黎明前的黑暗 …… 57

第六章　从旧社会艺人到新中国演员

一、尹家班从此分两地 …… 63

二、在新沂民营剧团的日子 …… 65

三、徐州演出的火爆 …… 66

第七章　火红的岁月

一、王股长"三顾茅庐" …… 73

二、"带戏"演出惊四座 …… 75

三、"戏改"的春天 …… 76

四、演出的火爆 …… 79

五、勤奋刻苦学文化 …… 84

第八章　十年之痛

一、突如其来的灾祸 …… 89

二、在困难的日子里 …… 91

三、艺术世家的遭遇 …… 94

四、地方戏曲元气大伤 …… 97

第九章　苦尽甘来育桃李

　　一、重返舞台的丈夫累倒在舞台 …… 101

　　二、从舞台到讲台 …… 106

　　三、口传心授，"老一套"并不过时 …… 110

第十章　尹桂霞的艺术特色

　　一、行当表演艺术 …… 119

　　二、"戏篓子"是怎么炼成的 …… 143

附录

　　一、尹桂霞唱腔设计经典剧目 …… 148

　　二、尹桂霞口传传统戏 …… 198

　　三、尹桂霞口传经典传统"篇子" …… 223

　　四、尹桂霞演出剧目 …… 243

后 记 …… 248

第一章

家世：尹成潭与『尹家班』

第一章 家世：尹成潭与"尹家班"

一、爷爷尹成潭拖家带口南下逃荒

1898年（清光绪二十四年），山东省沂南县界湖西村24岁的尹成潭决定带着一家老小逃荒。家乡遭遇水灾，家中早已断粮多日，一家人要想活命，外出乞讨是唯一的出路。

古时，临沂这片区域十年九灾，欠收断粮是常事，举家逃荒是常情。乾隆二十五年的《沂州府志》卷四中就有这样一段记载："邑本水乡，村外之田辄目曰湖，十岁九灾，所由来也。而游食四方，浸以成俗。初犹迫于饥寒，久而习为故事，携孥担橐，邀侣偕出，目曰逃荒，恬不为怪。故兰、郯之民几与凤阳游民同视，所宜劝禁一挽颓风。"从这段文字中我们就可以了解到，那时临沂、郯城（临沂时称兰山，郯即郯城）一带旱涝灾害不断，贫苦百姓无以为生，只得四处逃荒要饭。

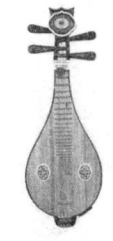

这位离开家乡外出乞讨的尹成潭，就是当今柳琴戏表演艺术家尹桂霞的爷爷，一位在清末、民国年间非常有影响、非常有造诣的拉魂腔艺人。

但凡有一条活路，是没人愿意背井离乡的。那一年，灾害引大饥，家里已找不到半点裹腹之食，地里的野菜挖没了，路边的树皮剥光了，只剩下白茬茬的树干。再不走就只能等着饿死家中。尹成潭的父亲因疾病早已过世,于是他便成了家中的顶梁柱。他挑起几件御寒的破旧家当,带着老娘、两个弟弟、一个妹妹和刚刚三岁的儿子尹作春(尹桂霞之父,后来也成为名震四方的拉魂腔艺人),逃离了这个尹家祖祖辈辈生活的村子,踏上了不知终点的漫漫逃荒路。

那时的逃荒都是毫无目的地的,一路要饭一路走,走到哪算哪,反正到哪都得靠讨饭过活。

尹成潭带着老小一大家子人边讨饭边往南走,每到一个村落,他将老娘等人安顿在墙角根、屋檐下这类能够挡风遮雨的地方,自己便四处讨些吃食,不求吃饱肚子,只求一家人都够活下来。

讨饭的日子都是眼泪,要着了就能有点吃的,要不着只能一家人饿肚子。走到临沂的汤头,为了让妹妹不再跟着逃荒受罪,能够吃一顿饱饭,尹成潭将幼小的妹妹送到一户家境尚可的人家做了童养媳。

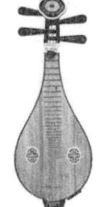

安顿下小妹妹,尹成潭继续拖家带口讨饭南行,最后,来到江苏省宿迁县黄墩乡曹垫子村,一家老小不再流浪,从此便在这里安了家。从沂南一路走来,虽然没有饿死,尹成潭的二弟却在独自外出讨饭时不幸淹死了。

在宿迁县定居下来,家里人不再受漂泊之苦,这个家就靠尹成潭和三弟尹成刚外出乞讨支撑着。

二、为养家糊口学唱拉魂腔

过去上门要饭的人都得有些嘴上功夫,要么会说,要么会唱。在当今一些关于尹成潭的文献记载中,多是这样表述:"沂水县(现为沂南县)拉魂腔艺人世家尹氏家族,在尹成潭的带领下,举家南迁至江苏省宿迁演唱,课徒传艺并于此定居……清光绪二十四年(1898),家乡水灾,兄弟三人逃荒至江苏、安徽一带流浪卖艺。此期,与湘军后裔、徽班子弟交往颇深,从他们中吸取当地戏曲营养甚多,为后来成为一代拉魂腔名家打下了丰厚的基础。"① 意为尹成潭在老家沂南县就是一位拉魂腔艺人,他是和家人唱着拉魂腔卖艺到宿迁定居的。但据多方考证和尹氏后人介绍,尹成潭走出家乡乞讨南下时并不会唱拉魂腔,而是到了宿迁定居后才拜师学习,成为一名很有名望的拉魂腔艺人。

尹成潭学习拉魂腔时已经28岁,举家离开老家沂南已达四年。之所以要学习拉魂腔,是因为他觉得会唱拉魂腔乞讨更容易些,这门技艺或许能成为他谋生的手段。而在那个时期,唱拉魂腔上门乞讨,按今天话讲也是挺时髦的。

自乾隆年间临沂、郯城一带旱涝灾害不断,贫苦百姓无以为生,只得四处逃荒要饭。为了便于乞讨,有的就用当地流行的姑娘腔、花鼓调等"唱门子"来替代"叫门子",艺人管它叫"跑坡"。而在清乾隆、嘉庆年间,花鼓在枣庄的邹、滕、峄等地相当流行,表演者身系鼓、钗,边演唱边击鼓,亦歌亦舞,歌舞并重,在间歇时击钗渲染气氛。从拉魂腔最初的存在形式上看,它是乞讨时表演的一种说唱,当地称之为"唱门子"。拉魂腔从早期一个人边弹边唱的简单演唱形式,逐渐发展过渡成为二人式的演唱形式,并出现了以此为职业的街头演唱艺人,他们的唱腔中结束句的拖腔有一个七度大跳,所以被人们称为"拉后腔",也称"拉魂腔"。拉魂腔也称要饭腔,从以上记载来看,拉魂腔也正是在这种情况下形成的。

尹成潭学拉魂腔拜的是河阳徐家班徐姓艺人为师。尽管他不识字,但天生悟性好。他主攻大生,兼通各种行当。喜爱学习,勤于钻研,精通韵律,青出于蓝天而胜于蓝,能编曲、善作词,是早期唯一懂得"十三辙",并能依照韵律规范剧目文词和演唱技巧的拉魂腔艺人。他整天琢磨剧本,

---

① 临沂文明网,《柳琴戏代表人物》http://ly.wenming.cn/zt/2014/lqxdqsjs/201411/t20141110_1443640.html。

编了大量唱词,很受艺人们的称道。

尹成潭属于没有文化但有知识的聪慧艺人,他唱戏从不照搬照套,所演每一出戏都是经过自己的重新编词,使戏词内容更丰富,更有韵味。

如《大金镯》中《鞭打红桥》这折戏,说的是马氏与杨青要害小叔子。有一句形容马氏与杨青的唱词原本是"这两个人鬼眼碌唧不是好东西"。尹成潭经过一番琢磨,总觉得唱得不够味,没有把马氏等人的恶毒表现出来。于是他就把这一句改成了一个唱段,将马氏与杨青的恶人形象刻画得入木三分:

这两个奴才往回走,
不由三爷往回瞅。
看马氏,
黄头发黢黑的脸,
头上顶着个羊角髻,
莽牛身子油篓腚,
走路好像逛香油。
看杨青,
磨盘身子短短的腿,
兔耳鹰腮尖尖的头。
两个奴才面相丑,
看他可杀不可留。

加上这样一段唱,充分刻画出心怀不轨的马氏杨青的丑恶嘴脸,表达了对坏人的憎恨。这也体现了尹成潭是一位爱憎分明的艺人。

这折戏中还有个唱段原词是:

从上打，从下打，
看你嫌疼不嫌疼，
三爷不打鞭子抬……

尹成潭觉得这么唱干巴巴的不过瘾，就加了很多的精彩唱词：

从上打，从下打，
看你嫌疼不嫌疼。
打你不是白打你，
打你的名堂说中长。
一打刘秀走南洋，
二打二马去头堂，
三君台上战吕布，
杨四郎北国招东床，
五牛崩尸历存孝，
杨六郎镇守三关上，
七星台上诸葛亮，
八宝庄上喊张良，
九里山前斩韩信，
十殿阎君在庙堂。
七八月里打黄豆，
打罢一场又一场。
三爷不打鞭子抬……

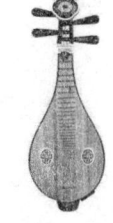

中间所加的每一句唱词都代表着一个历史故事，这也足以体现出尹成潭知识的丰富，他一肚子的历史故事，经他改编后的戏，剧情更吸引人，

唱词更丰富，观众爱听爱看。这也是尹家的拉魂腔在鲁南苏北受欢迎的重要原因。后来，尹桂霞会唱的一百多出柳琴戏，多数都是从爷爷尹成潭那里传承下来的。

除了改编唱段，经他挖掘整理和编创的剧目、篇子达数十出之多，如《孟月红割肉孝母》（二十四孝之一）、《小鳌山》、《清风亭》、《斩窦娥》、《五里州桥》、《四告》、《樊梨花点兵》、《休丁香》等。有些戏历久弥新，至今仍是众多柳琴剧团的保留剧目。在柳琴戏发展史上留下了浓墨重彩的一笔。

三、口传心授教出一个"尹家班"

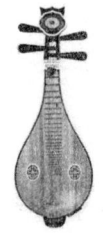

尹成潭学成之后，有了谋生的看家本领，就开始收徒传艺，三弟尹成刚，两个儿子尹作春、尹作俊等都成为他口传心授的弟子。在流动演艺的同时，他也广为收徒。

1915年，41岁的尹成潭在拉魂腔的艺术道路上已经走了13年，不仅演技精湛，名声远播，而且培养了一大批包括他家人在内的拉魂腔艺人。就在这一年，"尹家班"成立。或许尹成潭天生就是唱拉魂腔的材料，或许是为生活所迫，他不但学戏刻苦，而且善于琢磨，他不是机械地继承师傅所教的，而是能够从不同剧种及地方小调中吸取精华，使拉魂腔在唱腔和词句上更加丰富。从最初的一两个人以说唱的形式上门乞讨的"跑坡"，到后来与三弟尹成刚及其他师兄弟三五个人组成"小班子"，演出"抹帽子戏"。

所谓"抹帽子戏"，就是由于演员少，一人担当多个角色，为了区分不同人物，艺人们借助简单的行头，在演唱过程中，用不断更换服饰的方法，来表示角色的变换，观众们称之为"抹帽子戏"，或称"当场变"。这种"抹帽子戏"的形式，尹成潭带着师兄弟们演了很长一段时间。正是这样一种演出形式，使得尹成潭和他的徒弟多种行当样样通，一个人能够塑造多个不同角色的本领。他培养的儿子及弟子们戏路子都较宽，能出演须生、小花脸、小生等各种行当。与其说是他们对拉魂艺术的追求，倒不如说是被生活所迫，要想在这个行当里生存，就必须练就过人的本领。

尹桂霞的父亲尹作春85岁时的留影

成立"尹家班"是在尹成潭的两个儿子尹作春、尹作俊学成之后。尹作春小的时候出门要饭时是打着板要，尽管父亲尹成潭学唱拉魂腔后便用心传艺与他，但由于年纪小，还不能参加戏班的演出。直到15岁才进了戏班子跟着父亲演出，但只是混口饭吃，没有工钱。对于年幼的尹作春来说，这已经很好了，不仅有了吃饭着落，还能在演出中得到学习锻炼成长。当长到18岁时，尹作春已成为颇为出色的拉魂腔艺人。尹成潭的三弟尹成刚，儿子尹作春、尹作俊，在他的精心培养下，都成为戏班的骨干。"尹家班"的名号在一场场的演出中越来越响。尹氏父子带着他们的"尹家班"活跃在安徽、鲁南、苏北一带及陇海沿线，成为"中路"和"东路"拉魂腔中颇为引人瞩目的班社。

在拉魂腔的艺术行当中，有"七忙八不忙，九人看戏房，十人成大班"之说，意思是说七个人就很忙，八个人就可以了，如果有九个人，就有一个看戏房的，十个人就是大班了。"尹家班"在当时可以称得上是大班，戏班里除了尹氏父子，就是尹成潭的徒弟，同时还吸纳了众多知名艺人，如马喜荣、宋三、宋四等，他们所演出的剧目主要有《樊梨花点兵》、《皮秀英四告》、《大花园》、《割肉孝母》、《清风亭》等，许多剧本唱词都是尹成潭及儿子尹作春精心编写的。

四、拉魂腔各路传播，众班社功不可没

作为国家级非物质文化遗产的柳琴戏，在鲁苏豫皖接壤地区颇具影响力。发源于民间、兴盛于大众的柳琴戏，与江苏的淮海戏、安徽的泗州戏同出一源，被称为"梨园三兄弟"，在戏曲界被统称为"拉魂腔"。作为柳琴戏前身的拉魂腔是一个跨省流传的剧种，主要广泛流布于鲁（山东）、苏（江苏）、皖（安徽）、豫（河南）四省接壤的地区。按照现在的行政区域划分，鲁南有临沂、枣庄、郯城、苍山、莒南、临沭、费县、峄城、台儿庄、滕县等；苏北有徐州市区、铜山、邳县、睢宁、新沂、赣榆、宿迁、泗洪等；皖北有泗县、宿县、砀山、萧县、淮北、濉溪、灵璧、五河、凤阳、蚌埠、明光、滁县、涡阳、蒙城等；豫东有永城、夏邑、虞城等。以上鲁、苏、皖、豫四省流传的拉魂腔以特有的戏曲艺术风格和特征深受这一地域民众的喜爱，所流布的四省交界处共有三十多市、县，人口约三千万，可见这一剧种拥有广泛的群众基础。

拉魂腔流布到不同地区，从而形成了不同风格和流派。在这个过程中，像"尹家班"这样的拉魂腔班社发挥了重要作用，可谓功不可没。

"尹家班"成立时期，正是拉魂腔告别对子戏、抹帽子戏阶段，这一时期，有一批专业的和半农半艺的演出团体活跃在鲁南、苏北、皖北一带，对于各地拉魂腔的发展起了巨大的推动作用。[①] 如山东滕县卜端品的"卜家班"。卜端品十七岁时拜当地艺人袁玉美为师，学唱拉魂腔，工丑行。[②] 他聪敏好学，戏路宽广，说唱流利清晰，表演生动淳朴，在长期的艺术实践中，形成了具有浓厚乡土气息的艺术风格。卜端品的代表剧目有《挡马》、《打干棒》、《老少换》、《七庄》、《跑窑》等剧，在鲁南一带颇

---

① 顾振宇：《拉魂腔的发展与传播》，《青年文学家》 2011 年第 24 期第 245—247 页。
② 孔培培：《腔里拉魂》，文化艺术出版社 2009 年版，第 207 页。

有影响。卜端品二十三岁以后，离师另行组班，溜乡串会，一边演出，一边收徒传艺，并购置了部分戏箱，扩大了演出队伍，人员从三五人发展到二十余人，成为鲁南、苏北一带影响大、历史长的主要拉魂腔戏班之一，活动在滕县、枣庄、峄城、徐州、济宁、泰安、济南一带。"卜班在卜端品的带领下，在数十年的活动中，曾吸收不少流散艺人前来搭班演出，逐渐形成了北路拉魂腔流派。"① 再如沂水武大武二的"武家班"。武大到邳州一带传唱；武二则定居在峄县，他的徒弟们后来又到徐州一带演唱，把拉魂腔带到了徐州。在连云港、宿迁、淮安一带的东路拉魂腔也以地域命名，称之为"淮海戏"。"淮海戏"又名"海州拉魂腔"，就很能说明其渊源。在新安、邳县一带的拉魂腔受当地其他艺术形式的影响，发展为东路拉魂腔。

也正是诸如"尹家班"这类各路拉魂腔艺人们的游走他乡，四方表演，才使得拉魂腔在鲁、苏、皖、豫四省交界地广泛传播。散布在各地的艺人们各自收徒传艺，渐成流派和体系，还有的演变成其他的剧种和形式，如北路的鲁南地区的拉魂腔后来叫做柳琴戏；东路的皖东淮北地区则被称为"泗洲戏"；而南路的苏北地区成为现在的"淮海戏"，等等。这三个兄弟戏种，都是从拉魂腔母体分离出来的不同流派。

---

① 张明奎：《从卜家班到滕县柳琴剧团》，载《苏鲁豫皖柳琴、泗州、淮海戏研究会二届年会论文集》，内部资料，1989年，第9页。

第二章

幼年学艺只为生存

第二章 幼年学艺只为生存

一、随父学戏

1934年，尹桂霞六岁。父亲尹作春开始教她学唱拉魂腔。

那时，尹桂霞的爷爷尹成潭、三爷爷尹成刚，父亲尹作春、叔叔尹作俊都已是名震鲁南苏北的拉魂腔艺人，尹桂霞成为"尹氏拉魂腔"的第三代传人。

在尹成潭那代，拉魂腔没有女演员，戏中的女角都是由男的来演，所以他这代艺人会的多，既能唱老生、小生，也能演旦角。直到尹桂霞的母亲学会了拉魂腔，"尹家班"才有了女艺人。不过，在此前"对子戏"的鼎盛时期，柳琴戏班社中就出现了如"烂山芋"、"金不换"、"一千两"等职业女艺人。这些女艺人出演的旦角，一般是两腮抹浅红，用黑色烟色描眉画鬓，抹口红，就这么简单化化妆；至于服装行头，还基本没有。

在旧社会，父母让孩子学唱戏，完成是为了生计，但凡有生活门路，谁舍得让儿女进入唱戏这一行呢？在中国传统社会，人是严格按照其所从事的职业而进行分等级统治的。三教九流就是社会中关于职业在社会中的地位等级排名的次序。九流又细分为上九流、中九流和下九流。帝王、圣贤、隐士、童仙、文人、武士、农、工、商等属上九流；举子、医生、相命、丹青、书生、琴棋、僧、道、尼、秀才等属中九流；而"戏子"与师爷、衙差、升秤、媒婆、走卒、时妖、盗、窃等归于一类，属于下九流。让孩子成为当时被人称为"下九流"的戏子，实属生活所迫的一种无奈。

旧社会学戏分"科班"与"家传"两种方式。"科班"是徒弟拜师傅。那时，穷人家的孩子为了日后能混口饭吃，往往会把自己的孩子送给一些有名望的戏曲艺人学戏。师傅会先看看孩子的身材外貌，然后让唱几句听听嗓音，觉得条件可以，是唱戏的料就收下了。拜师之前徒弟要和师傅签一份条件十分苛刻的"契约"，可视为"生死文书"，内容大致为：家长自愿将孩子某某送来学戏，人各有命，打死了不能怪师傅，病死了不能怪师傅，孩子撑不住跑了师傅要找家长要人，等等。反正孩子交到师傅手里，就得一切听从师傅的，由着师傅摆弄了。签完契约，徒弟给师傅磕头，从此便入了梨园之门了。成了学徒后还要改名字，科班里的学生都是按辈份排的，如"桂"字辈、"连"字辈等，从名字上就可以知道谁是谁的徒弟，是几代传人。师傅跟徒弟的合同期限一般为 5 年或是 8 年不等，学徒期间跟班，只管饭不发工钱，唱戏赚的钱都归师傅，只有合同期满出师以后，才能够靠唱戏养家糊口。尹桂霞学戏是由父亲尹作春亲授，属"家传"式学艺。而尹桂霞的丈夫李春生是正式拜了苍山县著名拉魂腔艺人李忠智为师，属于"科班"出身。

二、学戏的苦，赛黄连

当年学戏的苦，尹桂霞一生难忘。

不论严冬酷暑，每天用在学戏上的时间长达十几个小时，每天能睡个四五小时的觉就算不错了。每天早上吊完嗓子不能立即喝水，接着再练基本功，拿大顶、下腰踢腿、飞脚、抢背等，练完这些基本功才允许喝水。接着就是学戏词，一天除了吃饭睡觉，都在学戏。学不会挨打，唱错了还是挨打。这是旧社会所有学戏的孩子都要经历的苦难岁月。

自从六岁父亲正式带她跟班学戏，尹桂霞就失去了所有童年的快乐。虽然不会像"科班"徒弟那样整天挨师傅的打，但因"唱错了"或"学不会"挨揍还是免不了的。

虽然是学戏，不管是"科班"还是"家传"，徒弟都是戏班的一员，和其他艺人的区别是徒弟就是混口吃的，不拿工钱。但活儿却不少干，从小角色学起，会了就上场，是在学中演，在演中学。

那时，父亲长年和戏班奔波演出，尹桂霞也便成了戏班的一员，戏班走到哪，她跟到哪，从此便难得睡上一个囫囵觉，用"睡得比狗晚，起得比鸡早"来形容再恰当不过。

晚上，演出完了，父亲便开始教她背戏文，教完一个唱段，背不会不许睡觉；天不亮便被父亲喊起来，到村外找没有人的地方吊嗓子，或是河边，或是树林……数九寒冬，凌晨从床上爬起来，冻得浑身打哆嗦。

那个时期，尹桂霞跟着父亲的戏班多是在农村打地摊演出，称之为"跑坡"，在一个村子演完了，再到另一个村子，大人们推着行李走，她是小孩，就蹦蹦跳跳地跟在后面。田野里绿油油的庄稼，路边满着烂漫的野花，这些都引起孩子的好奇。但当她刚蹲下来采几束野花，耳边便响起父亲大声的喝斥。于是便乖乖地再跟在父亲的后面，父亲唱一句，她跟着学一句。或是把父亲教过的唱给父亲听，不能有错，错一点轻则挨骂，重则挨打。

压腿、踢腿、倒立、抢背……这些都是学戏必练的。练功的时候，也是挨打最多的时候。学空翻之前必须会倒立，倒立俗称"拿大顶"。这是一种反常规运动，头朝下脚向上，双手贴地，身体或倚墙或不靠任何物体。练"拿大顶"时，点上一支香，用双臂支撑身体呈倒立，要坚持到把香燃尽，手臂一哆嗦就挨打。

步法的练习也很苦。尹桂霞以旦角为主，而旦角的步法分多种，有小步、碎步、大步、套步、横步，还有外八角的八字步、垫步、搓步、踏步。说起来容易，这些步法实际上练习起来也是很难的，比如旦角的小步和碎步，走时要这个脚跟不离另一个脚跟的踝骨。尹桂霞在练习的时候，父亲往往会在她的两个膝盖间放一个笤帚，迫使她不能大步走。一旦步子迈得大了导致笤帚掉下来，那就要在父亲的严厉要求下重新再练。

其实，尹桂霞的父亲非常疼爱她，很少动手打她，但严厉的责骂还是时常会有的。尽管尹桂霞年纪小，但她也懂，父亲这样做不是为难她，而是为了让她早日学会戏，早日能登台，尽可能地多学会几出戏，能登台了家里就能够多一份收入，家里的日子还能好过一些。

学戏可不是光学戏，戏班里都是一个人顶好几个人用，在台上唱完了，下了台或是打锣，或是弹琴。

七岁那年，尹桂霞在一场演出中打板。由于前一晚上学戏太晚，天不亮又被父亲从热被窝里拽起来练功，总共睡了一到一炷香的功夫。实在是太困了，演出中，她打着板竟然不知不觉地睡着了。板停了，台上的演员也没法唱了。父亲的一声喝斥让她一个激灵醒来，双手又机械地打起板来。戏中唱的是慢板，她懵懂之中却打起了节奏急促的快板来，结果全乱套了。从未发过如此大火的父亲，对她劈头盖脸地一顿揍。台上打完了台下打，这顿打让她记了一辈子，不是记父亲的仇，而是让她永远记住了演出中任何时候都不能有丝毫的懈怠和麻痹。

尹桂霞此后更加苦练各种技能，不仅台上能演戏，而且幕后能打板，甚至一人能同时打两面锣。

三、初次登台

尹桂霞六岁学戏，也是在这一年初次登台演出。

正戏演出之前，往往要先唱个小帽。小帽一般都是短小精悍的民间歌谣,与正戏不同的是正戏有故事性,而小帽则没有,只是起到一个热场的作用,就好像电影开映之前的加映片一样。

出身在拉魂腔世家的尹桂霞或许天生就是唱戏的料,不仅有银铃般的嗓音,记性也特别好。第一次登台唱了父亲教的一段小帽,这个小帽正是她学戏的开始,小帽的唱词至今还记忆犹新:

小小蜜蜂头顶巾,
终朝每日串花林;
也曾采过灵芝草,
也曾采过牡丹心;
百样花草都采过,
死在黄泉也甘心。
四六八句压花场,
请场请下来俏郎君。

小帽唱完,引来掌声喝彩一片。稚嫩的声音,不紧不慢,不慌不张,有板有眼。小帽调动起了观众的热情,正戏紧接着在锣鼓声中开场了。

先从唱小帽开始,尹桂霞以后又学会了一些演小孩子的戏,如《秦香莲》《机房教子》《赵美荣戏嫂》《劈山救母》《状元打更》等。因为本身就是个小孩子,她所演的角色自然也就是戏中的孩子,角色小,唱词也少,一般也就是十句八句的,比较简单。比如在《机房教子》这出戏中她演秦雪梅的儿子罗儿(有的剧种中叫"路儿"),唱词一共就八句:

来到俺家里骗吃,
要打你自己养个打,
打人家孩子不器实。

要走要走你只管走,
谁要留你我不依。
只有盘古立天下,
哪有毛脸闺女管儿子。
罗儿只说气娘的话。

柳琴戏《机房教子》也叫《秦雪梅教子》,又叫《断机教子》,是《秦雪梅》这出大戏中的一折,也称折子戏。《秦雪梅》这出戏很长,分"观画"、"闯楼"、"得病"、"熬药""归天"、"吊孝"、"游地府"、"上坟"、"骂陶荣"、"闹学"、"教子"等折,《教子》说的是秦雪梅纺纱织布教养罗儿,当罗儿懵懵无知学堂闹事,雪梅恨铁不成钢,加以责打,反遭罗儿与婆婆商母恶言相向并赶出家门,万念俱灰之下,举刀剪断机杼上辛苦织好的布。

这出戏是尹桂霞继演唱小帽后,首次在一出戏中饰演角色,尽管唱词不多,但对一个正在学戏的孩子来说也是一个不小的考验。尹桂霞却像一个有着丰富舞台经验的老演员一样,把罗儿的顽劣和不服母亲管教的无知表现得淋漓尽致。戏班的人都夸她演得好,父亲尹作春也觉得女儿是个唱戏的好苗子。尹桂霞聪明伶俐,学得也快,不久,一般小丫环及旦角的戏都能唱了。

刚进入戏班学戏那会,尽管也登台演出,但尹桂霞是没有"开份"(戏班称发工资叫"开份")的,但一日三餐能吃饱肚子她也很知足。别看她年纪小,可她做学戏认真,做事处处耳精目快。由于她学戏天分好、悟性高,对戏里所表达的意思一点就通,一学就会。再加上父亲口传心授教得认真和她那副天生圆润的金嗓子,十二岁之前就把父亲所会戏里的各种行当学得样样精。十二岁以后,尹桂霞就成为戏班里拿工资的演员了。

虽然是也能"开份"了,但拿的工资是其他演员的一半,别人拿一块钱，她只能拿五毛。尽管拿钱少，却是她从学徒成长为一名拉魂腔演员的重要标志。

四、未裹小脚的幸运

尹桂霞出生在那个年代的女子一般都是"三寸金莲"式的小脚。裹足是中国封建社会所特有的现象，是中国古代乃至近代的一种习俗，即把女子的双脚用布帛缠裹起来，使其变成为又小又尖的"三寸金莲"。"三寸金莲"也一度成为中国古代女子审美的一个重要条件，是被封建统治者扭曲了的社会思想畸形的表现之一。裹足始于哪个朝代无从考证，但上世纪30年代还流行却是现实。女孩若是到了缠足的年龄后拒绝缠足，会遭到家人尤其是母亲的强烈反对，因为一双大脚板的女子是难以嫁人的。

和尹桂霞年龄相仿的女子，不论是唱戏的还是不唱戏的，都被裹成了小脚，而尹桂霞却是一双大脚板，和现在的女子一样。不是家人不给裹，也不是她本人不让裹，而是因为常年跟着父亲在外学戏唱戏才没有裹。

女孩裹足都是在四五岁就开始，过了七岁就会因为骨骼发育渐成熟而无法再裹了。尹桂霞到了裹足的年纪，母亲也将她的脚给裹了起来。裹完脚后，她就跟着父亲外出闯荡。此时母亲已怀有身孕，不能和父亲一起外出"跑坡"了。

那个时代，出门不管走多远的路都是步行，父亲以及其他人背着或挑着行李，她跟在后面，但由于裹了脚，一走路钻心的疼，有时疼得根本就走不了路。

父亲身背行李，不能背着她，也没有手推独轮车可坐，又不能不跟着父亲外出讨生活，于是父亲干脆就把她裹着的脚给放开，把裹脚布一扔："不裹了，管她丑俊呢，只要俺闺女会唱戏饿不着就行，是不是，闺女？"父亲给去掉了脚上的束缚，尹桂霞心里乐开了花。父亲的主张正合她的心意。扔掉裹脚布，她便身轻如燕，健步如飞地在学戏卖艺的江湖上行走了。

在外唱戏一走就是两三个月再回一趟家。回家后母亲发现女儿没有裹脚，于是便大骂一顿："女孩子不裹脚这可得了？反天了不成，一双大脚要多丑有多丑，长大了还怎么找婆家？"边骂边把女儿拽过来，把脚结结实实地再给裹上。

第二天又要跟着父亲的戏班外出了，有了父亲的允许，一出村子尹桂霞就把裹脚布扯下来扔得远远的。

就这样，在裹脚的最佳时期尹桂霞常年跟随父亲在外学戏唱戏，这脚也就没裹成。等长到七八岁时，母亲再想给裹也就无能为力了。

在那个以小脚为美的年代，尹桂霞也常为自己的大脚板感到害羞，若是在他人面前坐着，她会潜意识地把一双脚往后藏。但没有裹脚却成就了她的"戏路子宽"，文戏武戏她都能唱，前桥动作不在话下。若是裹成了小脚，做这些动作怎么可能呢？这也算是歪打正着吧，尹桂霞常为当年没有裹成小脚而暗自庆幸。她是同年代拉魂腔艺人中少有的可以演武戏的女演员。

五、机缘巧逢"春生哥"

旧社会唱戏人的生存法则就是会得戏越多演出的机会就越多，演出的机会越多挣得钱就越多。所以学戏的徒弟都知道吃苦，拼命让自己尽可能地多学几出戏，多会几种技艺，这样才能够从容地在戏曲行当中生存。

尹桂霞不仅戏路子宽，而且会的戏也多。除了父亲传给她的那些家传戏，她还得益于认识了后来成为她丈夫的李春生。

李春生原名叫李怀亮，1926年出生在郯城县花园乡张哨村一个穷苦的农民家庭。父亲和奶奶被日本鬼子杀害后，孤苦无依的他为了生存，经一位卖酒师傅引荐，拜苍山县拉魂腔艺人李忠智为师，成为李忠智的开门弟子，并改名为李春生。那年，李春生12岁。

李忠智是著名拉魂腔艺人梁学惠的弟子，他吸收京剧锣鼓经和南、北两路柳琴戏的武打技巧，是一位对中路柳琴戏影响很大的人物。

李春生跟随李忠智学艺时，比他小三岁的尹桂霞也已经跟随父亲学戏，只不过一个是"科班"，一个是"家传"。

两个人的相识是在"碰班子"演出时。所谓的"碰班子"，就是两个戏班，或几个来自不同戏班的艺人临时组合在一起共同演出。一般都是在一个戏班子演出人手不够的情况下，就"碰班子"演出。

一次，尹桂霞随父亲外出"碰班子"时，遇到了跟李忠智学戏的李春生。两人年纪相仿，又同为学徒，两人自然就走得近些。尹桂霞习惯喊李春生为"春生哥"。

李春生的师傅李忠智是一位非常严厉的人。尽管李春生各方面的基础较好，但在学戏的过程中稍微有点错就要挨他的师傅打。师傅有时出手还非常重，但那时的学徒规矩就是这样，即使打死了也得认。

尹桂霞记得非常清楚，有一次他们"碰班子"演出时，还没有出徒的李春生在台上由于紧张突然间忘了词。紧接着就被师傅一顿暴揍打"闭了气"（一种口语，就是瞬间没了呼吸）。台下的观众一看把一个孩子打成这样，他们反倒是不愿意了，涌上去质问打人者，要给李春生讨个说法。李忠智只好向观众拱手作揖，连连解释他打的是自己的徒弟，并称"打他是为了他好，为他日后能有长进"。观众这才饶了他。也许这次师傅出手太重，李春生直接被尹桂霞的父亲背回了家，半个多月才养好伤重新回到戏班。

每当演出之余，李忠智教李春生戏的时候，尹桂霞也想学，毕竟，每个拉魂腔艺人都有各自的绝活，李忠智会的，尹桂霞在父亲那里学不到。但李忠智坚决不授。尹桂霞觉得他抠门、小气。事后尹桂霞问他："为什么不教我？"李忠智回答得理直气壮："你又不是我的徒弟，教会了你，我和我的徒弟吃什么？"

古时有句话,"能帮十吊钱,不把艺来传","教会了徒弟,饿死师傅"。由此可见,旧社会艺人是非常严谨和保守的,不会轻易把技艺传给他人。

师傅不教徒弟教。聪明好学的尹桂霞向李春生请教,李春生把从师傅那里学到的再教给尹桂霞。她从父亲那里学会了旦角戏,从李春生那里学武生、小生等。她的空翻绝技就是她的春生哥手把手地教出来的。李春生成为20世纪30年代第一个会空翻的拉魂腔男角,尹桂霞则是第一个会前桥的拉魂腔女角,同时也成就了她会一整出戏里所有角色唱腔的独门绝技。

六、"打戏"的是与非

旧社会学戏,不管是尹桂霞式的"家传",还是李春生式的"科班",都少不了一个"打"字。打是师傅口传心授的一个重要手段,行内人称之为"打戏"。

这个"打戏"不同于"武戏",并非动作戏,而是教戏过程中师傅惯用的一种手段。旧的戏曲教学过程中,每个师傅都会打徒弟,每个学戏的人都挨过打。有句俗话叫"不打不成器",所以,棍棒教育是师傅的不二选择。文明一点的师傅打手心,打屁股;脾气暴躁的师傅哪儿都打。打的工具有藤条、戒尺等,还有的师傅刀枪棍剑逮着什么就什么,抡起来就打。

尽管当前的戏曲教学早就没了"打戏"这一行为,但作为教戏人通过殴打学戏者以督促其学艺的一种行为,"打戏"贯穿于艺人学戏生活的始终,普遍存在于戏曲传承活动的各个方面。不管是哪个地域、剧种,艺人们关于学戏的回忆录或传记中,鲜有不提及"打戏"的。各种戏曲文献中,"打戏"一词也随处可见。近代昆曲演员韩世昌说:"旧日学戏没有不挨打的,所谓'打戏'。一般教师认为非打不会,不论是谁,即便是亲子侄,因为学戏，打起来也狠着呢。"① 由此可见，"打戏"不仅仅存在于哪个剧种、哪个行当，它已超越了剧种、地域，成为旧时戏曲传承中一种极其普遍的现象。"它广泛存在于各剧种、各地域、各种戏曲教学形式 之中。无论城市还是农村，无论科班学戏还是跟私人学戏，想吃这碗张口饭，就少不了挨打。从入科到业满出科，打戏与学戏如影随形，渗入学戏者生活的方方面面，贯穿了整个学戏生涯。"② 著名京剧武生孙盛云在他的回忆录中曾这样描述他当年学戏时挨打的情景：

"挨打以后，轻的，两股青紫，行动不便；那被打得重的，两腿就皮开肉绽，鲜血迸流。还得自己买鸡蛋，调鸡蛋清敷上，这样可以好得快一点。但是想因致伤而中断学戏、练功和演出，那是一点门儿也没有。在这当口，棒伤要崩裂，疼痛难耐。愈合、崩裂，再愈合、再崩裂……这样反复多次才能痊愈。"他形容自己科班七年——是坐了七年"大狱"。

对于"打戏"这一传承方式，今人褒贬不一。按照当今人的看法，旧社会这种师傅施加于徒弟的暴力是一种野蛮行径，是对人权的践踏，应该予以抨击和抵制，应该加以批判。但从戏曲传承的角度，"打戏"也发挥了积极的作用。

旧社会，戏曲传承的方式只有口传心授，教戏的师傅没有什么更好的教学方法，传授艺术的水平有限，加上语言表达能力不足，难以清晰、准确地传达表演的要义，打戏是成为督促徒弟学戏最为简单便捷的方法——"好说歹说，不好两脚"啊。练功时，身体的哪个部位做得不好就打哪个部位：下腰不到位照着腰抽一下，"飞脚"不利落照脚就是一杆子，让其疼是为了让他记住哪儿做错了，并知道如何改正。

不是只有"科班"的师傅打徒弟，正如"家传"尹作春也打女儿尹

---

① 韩世昌口述、张琦翔整理：《我的昆曲艺术生活》，载《燕都艺谭》，北京出版社1985年版，第16页。
② 吕珍珍：《"打戏"与戏曲传承》，载《文化遗产》2012年第2期66页。

桂霞一样，著名京剧老生、武生演员李桂春也曾怒打儿子李少春，他的理由是："这样他只能痛一次，也比他由于练功开玩笑摔死强！"① 由此可见，打人的目的只有一个，为了学戏者早日成才。

　　过去常说的一句话，"不打不成戏"。"打戏"就是为了"成戏"。过去的口传心授注重模仿习练，一字一腔的严谨、一招一式的准确都需要反复习练。而打戏在这种习练中具有超强的纠错能力：习者练功时如动作不快，不标准就要挨打，为避免再次挨打，身上的动作就必须按照师傅的要求做得完美。学唱、念多次记不住要挨打，徒弟就会将肉体的痛苦转化为精神上的警醒和勤奋，从而提高了学戏的效率。

　　打戏这种教学方法虽然在当代是不可取的，但放在过去的时代背景下看，还是为戏曲的传承与发展发挥了重要作用。对于师傅来说，打戏不是对学生的虐待，而是对学生负责；对于学生来说，挨打让他们更加勤奋，不敢懈怠，是一种鞭策和鼓励。

　　正应了那句话，"严师出高徒"。正是师傅和家父的严厉，才造就了李春生、尹桂霞这两位在鲁南、苏北地区具有代表性和影响力的柳琴戏演员。

---

① 王锡孝：《悼恩师李桂春先生》，《河北戏曲资料汇编》第14辑，第177页

第三章

旧时演艺的辛酸泪

一、一家人四处唱戏讨生活

尹桂霞说:"老艺人都是在泪水里泡大的。"这话一点也不假,解放前戏曲演员的经历,饱含着屈辱和磨难。

在旧社会,唱戏的艺人不但生活凄苦,而且社会地位低下,普遍受人鄙视,什么"戏子、王八、吹鼓手,生不准进科场,死不准入老林"。从尹桂霞的爷爷尹成潭起,祖孙三代背井离乡,车推担挑,在鲁南苏北"拉围子"跑坡,"碰班子"演戏,经常是居无定所,餐风露宿,足迹踏遍了苏鲁豫皖交界的广大地区,历尽严寒酷暑,备尝人世艰辛。

尹桂霞一出生就被父母带着四处唱戏讨生活。她的爷爷、父亲、母亲、叔叔、婶子都是唱戏的,一大家子人靠戏而活,有戏唱的时候苦点累点倒没什么,至少吃饭不用愁,可一旦遇到连阴雨天气,或是刮风下雪开不了场,一家人只能饿肚子。

20世纪30年代,尹桂霞跟随父亲的拉魂腔戏班大都是在农村演唱,以打地摊为主,并相互搭班子演出。那时既没有剧场,也不可能卖票,很多时候都是包场。应该说,农村的风俗和农村人信仰给戏曲的生存提供了较大的空间,也养活造就了一大批艺人。

旧时拉魂腔班社大都是半职业性的，农忙时种田，农闲时唱戏，长期流动于乡村集市。演出时一般不上舞台，只打地摊子。在农村打地摊演出很辛苦，收入多少主要看听戏的人有多少，肯掏钱的有多少。与其相比，唱包场戏则要好得多。包场式的演出讲好演一个"台口"（如三天五场）多少钱，不仅收入稳定，还包吃包住。包场演出一般与民间习俗有关。

那时有很多活动、节庆、堂会、庙会请戏班唱戏，都是包场，一唱就是几天，有禳灾祈福的祭祀戏，有逢年过节的节庆戏，有大户人家给老人祝寿的贺寿戏，还有消灾还愿的"愿戏"。

在苏北一带农村，家庭如果是有人生病或是遭遇灾祸时，家里人会祈求神灵保佑，如果之后驱灾避祸愿望实现了，便会请一场戏来感谢神灵保佑，因为之前他们是许过愿的，唱戏是为了还愿，所以艺人们称之为唱"愿戏"。

尹桂霞小时候最盼着唱"愿戏"，因为请"愿戏"的东家会在唱戏的过程中摆上很多敬神的供品，有鱼有肉，唱完戏后除了付给戏班请戏钱，这些供品也都归了戏班。有了好吃的东西，大人小孩都开心。唱戏人日子的清苦由此可见一斑。

给老人祝寿的戏一般都是家境殷实的大户人家请，按现在人的说法请戏的人多都"不差钱"，只要唱得好，除了包场的报酬，演员还能额外得到些赏钱。但唱祝寿戏有难度，东家点啥戏你得会唱啥，不能"卡壳"，而且还要唱得精彩，这样才能讨到赏钱。过去艺人都拼命地多学戏，就是为了让自己多一些吃饭的本钱。如果会的戏少，戏路子窄，那赚的钱自然就少，生存的空间也就窄了。尹桂霞学戏肯下苦功其实也都是生活逼出来的。从她六岁跟父学戏，到十二岁正式加入戏班登台演出，是在苦水里泡出来的，等长到十八岁的大姑娘，历经十二年的磨练，她会唱的戏有百出之多，青衣、花旦的戏都熟烂于心。像《点兵》、《四告》、《大花园》这样最难唱的拉魂腔王牌戏，尹桂霞唱得已达炉火纯青的地步。

那时苏北农村的庙宇很多，庙里供奉着不同的神，每年都会在不同的时节举行庙会。庙会期间都要请戏班唱戏，庙会戏都是包场。戏班被请去演戏之前，尹桂霞的父亲尹作春都要事先和请戏方定个合约，内容一般是唱几天，多少钱，管不管吃住，要不要接送之类的。一切定好了，一旦开锣，就要风雨无阻地唱下去了。

包场戏除了约好的唱什么戏，还要唱点戏，点戏一般由当地较有名望的乡绅点，点什么，唱什么，有时点的戏不会唱或是不太熟，现学几句也得唱。在戏班中，各个行当的主要演员是整个戏班演职人员中拿钱最高的。当然，对主要演员的要求相对也要高，要求所有戏中与自己行当有关的角色都要会唱，一般人们熟知的一些戏都要会唱，基本得达到点什么唱什么的水平。所以，当时戏班就有"头套难当，二套好拉"的说法。

包场戏唱得可是不轻松，正常是三天九场戏，每天的上午、下午、晚上各演一场。一天三场戏，除了吃饭外，几乎没有时间可以休息。所以演员们大都不卸妆，饭送到后台吃。如果演出日程紧，演完一地的包场，连夜就收拾行头赶下一个场，近的四五里，远的几十里，行李靠肩挑背驮，全靠步行，尹桂霞年幼跟班演出的时候，经常走着路都打瞌睡，别提有多困了。

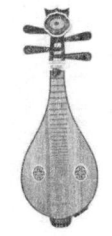

演员上了戏台，就不能有丝毫马虎，一旦出现忘词、唱错等差错，不仅看戏的起哄，甚至还会被包戏的东家赶下台来，连戏钱都拿不到手，辛苦几天也就白唱了。若是学员出错，师傅的一顿揍是免不了的。

二、遭欺凌泪往肚里流

在旧社会，唱戏的艺人备受歧视，又屡遭腐败政府及土豪的欺凌，靠唱戏混饭吃是件极没有尊严的事。过去拉魂腔是小戏，社会地位很低，在辗转的演出路程中，尹桂霞也饱尝了人间的冷暖，也正是在这种演出氛围的感染下，尹桂霞练就了扎实的艺术功底。

打地摊的时候，艺人唱一段要停戏敛钱，十多岁的尹桂霞到台下向观众收钱，父亲带着演员们不停地向观众鞠躬致谢。这个过程，一些地痞流氓会对尹桂霞进行侮辱戏谑，或是把钱放在她手上后顺便摸一下手，或是夹着她的两腿让她走动不得，尹桂霞只能红着脸，眼泪汪汪的敢怒却不敢言。对于这等恶行，父亲也只能赶紧过来陪着笑脸解围，尽管他心里有千般怒火，也忍着不敢爆发。他既要保护好自己的女儿，又不能得罪那些地痞，得保住手里的饭碗啊。

在旧社会，拉魂腔艺人除了唱戏，还会唱很多民间小曲，也不乏一些内容格调低俗的曲子。比如民间小调《扒缸》就是黄色小调，词句较下流，行内人称之为"皱戏"。尹桂霞10岁那年，在一个村子演出，一个地痞就点了这个小曲让她唱。这个曲子尹桂霞会唱，但曲中的词的确让她这个女孩子张不开嘴，可人家出钱点，还不能不唱。别看尹桂霞年纪小，可是聪明伶俐，从她嘴里唱出来的曲还是《扒缸》的曲，但词却让她给即兴改了，没有半句下流的语言。对于农村那些流里流气、吊儿郎当的地痞来说，正儿八经的戏词他们记不住，像《扒缸》这些的黄色小曲却烂熟于心。听着听着这位点戏的地痞就不干了："停停停，你这是给我唱得个啥？你蒙谁呢？还想不想混了？"说着，吹胡子瞪眼就要来硬的。"今天你就得跟我好好唱，唱错一句看我怎么收拾你。"这明显的是在欺负一个小孩子啊，但谁让咱是卖艺的呢？在父亲的劝说下，尹桂霞只好满腹屈辱地唱完了这段黄色小调。"旧社会不拿唱戏的当人啊！"每每想起，尹桂霞心中满是酸楚。

《田半成打砖》是一出很凄苦的戏，过去的老拉魂腔艺人会唱。故事说的是有位叫田半成的苦命人受歹人欺凌，老婆被抢走了，两个孩子也在外出逃饭的时候走失了。"打砖"这场戏是田半成外出乞讨偶遇两个孩子，父子三人相见，田半成衣不遮体地跪着唱，很悲凉的声音，是在乞求好心人帮帮他们爷仨。然后，把一块砖打在自己的头上，把砖打碎。这个时候是观众往场子扔钱的时候。这段戏多是艺人们打地摊时乞钱的一种方式，很苦。能演这场戏的人也不多，一是要把田半成的可怜之悲演出来，能让观众看得流泪；二是要有打砖的硬功夫，没有这功夫是演不了。小时候，尹桂霞随父亲演出时，父亲常演这出戏。父亲演田半成，她和春生哥演田半成的两个孩子。剧中田半成在"打砖"之前跪在台上有很长一段唱。父亲跪在地上哭唱，几乎是光着上身，尹桂霞觉得父亲很可怜，比戏中的田半成还要可怜。当父亲拿起砖头往头上打的时候，她吓得哭了。此时是观众的喝彩声。看戏的纷纷往场子里扔钱，常有心眼儿坏的歹人戏弄跪在那里的父亲，将两三个铜板粘在一起，专往父亲的身上砸，砸到光着的脊梁上，立马就是一个紫印子。有一次铜板打到了父亲的头上，血流了下来……即使这般，只要有人点《田半成打砖》这出戏，父亲照演不误。天暖时还好，要是寒冬腊月，那就太遭罪了。父亲曾跪在雪地里，声泪俱下地唱，冻得浑身发抖，抄起砖头往头上打……作为旧社会浪迹江湖的艺人，再多的苦也得吃，再大的屈辱也得忍，都是为了生活，为了扔进场子里的那几块铜板。

三、吃着百家饭，夜宿在破庙

尹桂霞自打进了戏班，吃得大多是百家饭。在农村演出的时候，很多都是一家一户凑饭，有煎饼的拿煎饼，有窝头的给窝头，有稀饭的给端碗稀饭，有咸菜的给块咸菜，也就跟要饭人差不多。在集市演出的时候，集市上有卖饭的，就掏钱买点。不敢奢望吃好，能填饱肚子就行。

飘泊在外，居无定所，戏班住的最多的地方是大车店和破庙。那时农村几乎每个村镇都寺庙，这些庙里除了神像，平日很少有人，这里便成为戏班子演出完最好的歇息之处。找来一些麦穰或是稻草往地上一铺，哪管环境肮脏、气味难闻、老鼠乱窜，能遮风挡雨就行。一个戏班子的人男女之间就靠一个布帘隔开。有的没有被子，白天穿的棉袍也便是晚上睡觉盖在身上的"棉被"。

在农村演出时偶尔也能住上村里百姓提供的民房，但这类房子大多是有问题的。有一次戏班子住进一栋较新的房子，里面有床有桌凳。刚住进来，尹桂霞发现门口围着一群孩子，都往屋梁上瞅。年幼的她不知道为什么，从父亲的口中得知，孩子之所以往房梁上瞅，是因为这屋子的梁头上曾经吊死过人，定是这家有人在这屋子里上吊死了，房子成了凶宅，就搬走不在这里住了，房子也就空了下来。第一次听说这事，尹桂霞感到毛骨悚然，但大人们都很坦然毫不在乎，唱戏人一辈子天不怕地不怕人不怕，当然更不怕鬼。以后尹桂霞也不怕这些了，只要农村有空房子住，尽管房子多半是出过事，可谁还管凶宅不凶宅，总比住破庙强。

虽然苦，倒也不乏乐子，说说笑笑逗逗嘴，相互切磋一下唱段提升演技，倒是充实。也正是住破庙、宿凶宅的所感所悟，尹桂霞的爷爷尹成潭编过很多的"游阴戏"的唱段，表现的是人到了阴曹地府的所看所思，有些唱词很经典，比如：

只身来到大街上，
一些鬼族乱哄哄。
观高鬼白布尺也有丈二，
观矮鬼也不过尺半有零，
观胖鬼只胖得嘘嘘大喘，
观瘦鬼只瘦得战战兢兢。
观一个淹死鬼头顶渣草，
观一个吊死鬼脖根拉绳，
观一个屈死鬼恨天怨地，

打路鬼喝三声谁敢胡行……

这些游阴戏的唱词，都是尹成潭这位老艺人夜宿破庙与泥塑鬼神相伴想出来的。

长年为生活四处奔波，尹桂霞和戏班的艺人们都具有相同的个性：虽然生活艰辛，但不失乐观；虽然前途缈茫却充满信心；面对困难他们表现得很坚强，面对别人的冷眼他们有时也很脆弱。他们在舞台上可以扮演各种各样的角色，上至王公贵族，下到黎民百姓，他们用出色的表演去赢得观众的掌声与喝彩，甚至成为百姓心目中的名角，但在台下，唱戏人在旧社会人们的眼里，充其量就是一个戏子，无论走到哪里，无论你演得多出色，也改变不了"下九流"的身份，因此在现实生活中得不到人们的普遍尊重，也丝毫享受不到通过自己努力成就的戏曲事业所带来的荣誉感和自豪感。演员们心中苦闷却又无可奈何，他们要生存，就得在这个行当里顽强地走下去。

第四章

戏班里的『金童玉女』

在尹桂霞的柳琴戏曲生涯中，有一个人不能不提，就是她的丈夫李春生。

他们同一时期学戏，虽不是同一个师父，但在学戏期间，因"碰班子"唱戏而相识，幼年登台就成为搭档，而且是配合默契的"黄金搭档"。柳琴戏把他们的命运紧紧连在了一起，从舞台上的"金童玉女"，成为生活中的伴侣。在戏曲生涯中他们相互为师，共同进步，不断提高柳琴戏演艺水平。

一、苦孩子拜师学戏练苦功

和旧社会很多拜师学戏的孩子一样，李春生走上这条路，也是生活所迫。

李春生的父亲是个木匠，除了种地，农闲时常做些桌子、板凳之类的小家具去集市上卖，换点钱补贴家用。赶集时，常带着年幼的春生。春生非常喜欢听大鼓，跟着父亲来到集市上后，父亲卖板凳，他就一个人遛到唱大鼓的场子去听人唱大鼓，听得很入迷，听过一些日子，聪明伶俐的他竟然学会了唱大鼓。回家后，没事时他就爬到树上唱大鼓，街坊四邻都喜欢听，说这孩子唱得是那么个味。

如果不是日本鬼子侵略中国，李春生一家也许就这么平静、平淡且贫穷地生活着，也许他会成为集市上靠唱大鼓谋生的街头艺人。

1938年，临沂城沦陷，李春生的家乡成为日本鬼子肆虐的重灾区，小鬼子烧杀抢掠无恶不作。在一次扫荡中，李春生的奶奶被鬼子用刺刀杀害；后来，父亲又被鬼子抓住，在受尽鬼子的折磨后也被打死。给地主扛活的大哥累得吐血，身染重疾无钱医治而亡，大嫂改嫁；二哥二嫂被土匪绑架后死在土匪手里。没过几天，爷爷也饿死了。一大家子人连逃带亡，只剩下李春生和妈妈相依为命，四处逃饭为生。

这一年，李春生12岁。

娘俩要饭过得凄惨。母亲就想，总不能让儿子要一辈子饭，总得找个活命的门路。经别人介绍，李春生进戏班当了一名学徒，14岁时，正式拜苍山县拉魂腔艺人李忠智为师。李忠智是拉魂腔艺人梁学惠的关门弟子。梁学惠是当年临沂地区很有名的一位拉魂腔艺人。

约在民国初年，郯城县沙墩的张秀英、张秀起、杨二群组织的班社，既唱柳琴也演京剧，尝试着把京剧打击乐中的某些点子用在柳琴戏中。梁学惠便到该班社学习打击乐，又一起研究吸收了京剧的锣鼓点"单抱边"、"双抱边"、"四边静"、"水底鱼"、"一炷香"，运用到拉魂腔中。应该说，他是对拉魂腔的发展有突出贡献的人物。李忠智就把从师傅梁学惠那里学到的锣鼓经和戏曲的武功技法传授给了李春生。李春生学习的是中路柳琴戏，所学行当是文生、武生和武丑。

李春生的师傅李忠智是一位严厉且严谨之人，每天除了教他吊嗓子练唱功，还要教翻跟头和武功把子，冬练三九，夏练三伏，除了睡觉吃饭，一刻都不能闲着。平时若是一个动作没做好，一句唱腔没唱好，一个跟头没翻好，都要挨师傅劈头盖脸一顿打，有时被打个半死。师娘看着心疼，就问他："春生啊，你师傅打你打得这么厉害，你怎么不跑呢？"李春生说:"师娘,我喜欢学戏,学戏能吃饱饭,我不跑。"由于李春生肯吃苦,又极具唱戏的天赋,三年后出师就能演二十多出文、武戏,如《四平山》《五反》《鲜花记》等。

二、"碰班子"碰出黄金搭档

尹桂霞跟着父亲学戏的时候,"尹家班"在拉魂腔班社中是人员较多,行当较全的一个班社,不用外面的演员就光他们尹氏家族中的人就可以唱一台戏。有时会和其他的演员合在一起演戏,即使不合班子也一样能演。爷爷尹成潭年老不再登台,却是整个尹家班的艺术指导,即使躺在病床上也能听出晚辈们哪句唱得不合适,他立即给改正。尹桂霞的父亲尹作春唱老生、丑角,母亲唱老旦、彩旦,叔叔唱大生、小生,尹桂霞唱青衣、花旦,妹妹尹桂云唱花旦、丑角,叔叔家的弟弟演小孩子角色。在伴奏方面,父亲和叔叔都会弹月琴,尹桂霞负责"三样",既弹月琴,又同时打大锣和小锣。一家人上了台是演员,下了台是伴奏。

而李忠智只能靠在外与其他班社"碰班子"唱戏,平日里就带着徒弟李春生行走于各地的戏班。尹桂霞12岁那年,尹家班和李忠智"碰班子"唱戏时,认识了15岁的李春生。从此后,李春生常把从师傅那里学到的技艺传授给尹桂霞,尹桂霞从父亲那里学来的也会传给李春生。两个人在一起相互促进,进步都很快。

李春生不但唱得好,而且武功也相当了得,能够在舞台上连翻二十多个小翻,打十几个漩子,能原地前空翻、后空翻,能扎着"大靠"从二张叠起的桌子上翻下来。他文武兼备,为"柳琴戏能翻筋斗第一人"。山东省有位叫李照壁的作者,前些年在写关于李春生的文章时,也曾在文中提到"李春生是拉魂腔舞台上能翻跟头第一人"。

李春生英俊潇洒,嗓音宽大宏亮,因此,深得"尹家班"的掌门人尹作春的赏识,尹作春很喜欢他,认为这后生是个唱戏的好苗子。有一次李春生在台上忘了词,被师傅打得不省人事,是尹作春把他背回了家,悉心照顾。而尹桂霞天生丽质,扮相俊俏,嗓音清脆圆润。李春生随师父与尹家班搭班子后,他和尹桂霞便开始搭档演戏,尹桂霞演女角,他演男角。一开始由于年纪小,演的都是如《站花墙》《跑山》《双拐》《伍子胥过召关》《吴汉杀妻》等打基础的小戏。随着舞台经验的丰富和表演技艺的成熟,以后才搭档演唱如《四告》、《大花园》等这样的大戏。

每一出戏,尹桂霞和李春生都在父亲尹作春和李忠智的精心指导下,反复排练,仔细揣摩人物角色,台下对戏和台上演戏的过程,也是这两位后起之秀共同学习提高的过程。他俩在一起演出,配合默契,相映争辉,各有特色,各有亮点。他们在演唱《小放牛》时,李春生演牧童,尹桂霞演村姑。李春生都是翻高八度去唱,和女口的声音一样高,令观众惊叹。

牧童(唱):出得门来用眼儿瞧,
　　　　　那边厢来了一个女娇娃。
　　　　　头上戴着一枝花,
　　　　　身上穿的是绫罗纱,
　　　　　杨柳腰一掐掐,
　　　　　水红的飘带腰中扎。
　　　　　我心里想着她,
　　　　　我口里念着她,
　　　　　这一场相思就把人害煞。
　　　　　这一场相思就把人害煞。

村姑(唱):桃花儿开,
　　　　　杏花儿白,

月季花儿红,

又只见那芍药牡丹一齐开放。

行来在青草儿坡前,

见一个牧童,

头戴着草帽,

身披着蓑衣,

手拿着横笛,

倒骑着牛背,

他口儿里唱的俱是莲花落!

牧童哥,你过来,

我问你,我要吃好酒在哪里去买?

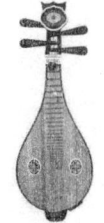

《小放牛》说的是一个牧童正在放牛,邻村的小姑娘路过,二人相见,通过相互对唱,表达互相爱慕的心意。

尹桂霞与李春生演唱的《小放牛》可谓是天作之合,这样一段边唱边舞的男女对唱中,李春生嗓音高亢,举手投足中表现着牧童的俏皮,而尹桂霞,嗓音清亮柔美,将村姑表演得天真活泼。两人的搭档演出红极一时,当时被观众称为戏台上的"金童玉女"。

正如《小放牛》的剧情一样,尹桂霞与李春生台上演绎爱情相得益彰,台下的爱情之树也生根发芽。从舞台上的搭档,终成为生活中的伴侣。

三、青出于蓝而胜于蓝

让李春生和尹桂霞这两个还没有出师的小学徒真正得到观众认可,应该是两人配合演出的《挡马》。

《挡马》是柳琴戏中很经典的一出戏。剧情大概是:宋朝天波府杨八姐，因其兄延昭被困番邦，为打探消息，乔装番将，潜入番地。她乔扮男装，入辽探军情，路经酒肆。酒肆主人焦光普是焦赞的弟弟，流落异域，见杨拟盗其腰牌，重返故国。八姐怀疑他是奸人。与之搏斗。后来，焦光普说明真情，二人同心协力杀死前来搜查的辽将，一同回转三关。

《挡马》应该算是一出武戏，杨八姐和焦光普在表演上都有一定的难度。杨八姐女扮男装，无论出场还是其他，都必须有男子气概，用的是武生的身段动作，但是又要流露女子的身份，所以又有武旦的表演手法。念白的时候，也是大小嗓结合。在"偷牌"的过程中，杨八姐观画起舞，焦光普紧随偷牌却不能得逞，两人的身段配合严密又有趣。在直接打斗的过程中，并不是你来我往，而是杨八姐手拿宝剑迎击，焦光普躲闪，从头到尾，都没有真正的对抗，展现的无非是人物的心理状态，一个以为被番邦敌人发现身份，急欲杀人灭口；一个发现对方是南朝杨门女将，一心解释清楚，无奈对方劈头盖脸打杀过来，要迎击又不能伤害到她。

在尹桂霞13岁那年，她就开始和李春生搭档演这出戏了。两人正是青春年少，又都有武戏的功底，尹桂霞演杨八姐，李春生演焦光普。台上那段你一句我一句的对唱，两人配合默契，表演得特别生动有趣：

焦光普（唱）：我看你不像北国将，好像南——

杨八姐（白）：南什么？（怒而拔剑出鞘）

焦光普（唱）：我说是，一个难，两个难，光卖好酒不挣钱，
我就说的是那个"难"。

杨八姐（唱）：我吃你的酒，给你钱，管你犯难不犯难。（怒消，将剑入鞘）

焦光普（唱）：我看你不像北国将，好像南朝杨——

杨八姐（白）：杨什么？（忽而又拔剑出鞘）

焦光普（唱）：一个羊，两个羊，羊头长在羊腔上，吃羊肉，喝羊汤，

羊头挂在杨树上，我就说的那个"羊"。

杨八姐（唱）：我吃你的酒，钱付上，管你放羊不放羊。（又把宝剑入了鞘。）

焦光普（唱）：我看你不像北国将，好像好像——

杨八姐（唱）：好像什么？

焦光普（唱）：我看你好像南朝杨八姐。（白）你杀了我吧。

杨八姐（唱）：我是八姐你是谁？

焦光普（唱）：我是你的焦二兄。

杨八姐（唱）：忽听说是焦二兄，杨八姐脸上笑盈盈，笑盈盈。

焦光普（唱）：八妹妹，你不在南朝孝老母，来到北国为何情？

杨八姐（唱）：我在南朝孝老母，母亲差我下北平。

焦光普（唱）：你下北平，下北平，老娘给你多少兵？

杨八姐（唱）：给我兵将我没要，我单人独自上北平。

焦光普（唱）：我问你，一龙能搅几江水，一面墙能挡几面风？

就算你拉把椅子拦门坐，小刀磨得吱棱棱，

来一个杀一个，来两个杀二名；杀一千，杀一万，

杀到来年冬见冬，你也杀不清。

杨八姐（唱）：我一龙能搅九江水，一面墙能挡八面风，

杀不清，杀不清，我开刀先杀肖银宗，

我要杀了银宗女，扶持六哥坐朝廷。

李春生演的焦光普是武丑，他凭借剧中的椅子道具穿插闪藏，和杨八姐做足各类造型以及身段，赢得了观众的阵阵喝彩。《挡马》作为一出打得热闹、绝活多、难度高的武戏，尹桂霞和李春生经过慢慢磨炼，配合相当默契，表演得有难度、有技巧、有激情，同时也演出了人物的个性，深得观众的喜爱。

尹桂霞和李春生合作演《挡马》之时，李春生还没有出师。戏中焦光普这一武丑主角都是由师傅李忠智来演。这次是因为李忠智病了，实在是上不了台，就临时由徒弟李春生顶上。正好尹桂霞和李春生年纪相当，就由她演杨八姐与之配合，尹桂霞武旦的功底也多是李春生教她的。正可谓是"青出于蓝而胜于蓝"，两位的演技均超越了师傅。

李忠智一病数日，待康复后，他回到舞台。有一次又唱《挡马》这出戏，李忠智还是像往常一样演焦光普。谁知他刚到台上一亮相，台下立马起哄："下去，下去，快下去，让那个小孩子上来演。"李忠智无法再唱下去，他停下来，马上弄明白了观众是让他的徒弟李春生上来演焦光普。虽然场面对于他来说有些尴尬，但他心里很高兴，站在台上向观众拱手道："三老四少，老少爷们，你们把我轰下台，我一点也不生气，你们要求上台的小孩是我的徒弟，这说明我的徒弟比我强了，也说明我终于把他给培养出来了，从今以后我退到幕后好好扶持我的徒弟，谢谢各位啦！"说完立即下台，让李春生化妆上台，和尹桂霞共同唱《挡马》。

此后，李春生在拉魂腔舞台上越唱越红。学戏三年出师后，他正式加入"尹家班"。此后"尹家班"的演出实力愈发强大。李春生是位重情重义之人，并非像古人说的"教会了徒弟饿死了师傅"。他视师父李忠智为父亲，走到哪带到哪，不管是加入"尹家班"，还是后来的在新中国成立后的新沂柳琴剧团、临沂柳琴剧团……

1944年，在媒人的介绍下，李春生与尹桂霞这对青梅竹马的舞台搭档正式结为夫妻，从此他们的戏曲艺术又进入一种新的境界。除了演出，生活中的大部分时间也都是说戏中度过，唱、念、做、打、舞，一招一式，一唱一叹都认真地切磋；而成为岳父的尹作春也把自己的"看家本领"都毫无保留地传给女婿李春生，期间又教了他很多戏，如《皮秀英四告》《包公三下阴曹》等。

李春生五官长得好，浓眉大眼、高鼻梁、漫长脸，扮起文武小生来非常英俊；尹桂霞天生丽质，各方面条件都很好，加之学艺认真刻苦，从小学戏功底扎实，技艺突飞猛进，扮演青衣端庄娴静，扮演花旦天真活泼。他们夫妻同台演出，在鲁南苏北一带名声渐响，影响很大。

四、二英子热心传戏

在旧社会，像尹桂霞这样靠唱戏讨生活的民间艺人，要想捧得住这碗饭，一是要唱功好，有绝活；二是要会的戏多，观众点啥就能唱啥，不能卡壳。观众点的戏不会唱，不仅没有钱赚，也会渐渐失去演出市场，这就逼得艺人们勤学苦练，尽可能让自己唱得好，会得多。

1947年，19岁的尹桂霞随尹家班去安徽蚌埠，与安徽著名的拉魂腔女艺人二英子所在的戏班搭班子演出。在演出过程中，二英子摒弃旧社会"艺人相轻"、"艺不传人"的陋俗，主动热心地传给尹桂霞好几出她的拿手戏。尽管没拜师，但跟着人家学了好几出戏，尹桂霞一辈子都记着二英子的好，感激她的无私传艺。

二英子真名叫左银芝，出生于1915年，安徽省五河县人，二英子是她的艺名。她八岁拜师学习拉魂腔，十几岁时就能领衔主演了，以她为主演的戏班走乡串村遍及淮河两岸，长期活跃在凤阳、五河一带，影响极大。十七八岁时，二英子就已经把青衣饰演得有板有眼，千般端庄中却又尽显万般娇艳妩媚。《临淮史志》称，左银芝面貌清秀，唱腔圆润清脆，所到之处，观众云集，不忍其离去，因而有民谣称："二英子一走，睡倒十九；回头一看，起来一半"。当地人以"二莺"二字撰联："二目盼兮，喜更能善画双眉，新月纤纤，眉生双黛；莺歌婉点，犹不及娇歌一曲，余音袅袅，响彻行云。"由此可见二英子在观众心里有多红。

尹桂霞随父去安徽搭班子演出时二英子32岁，正在艺术之花盛放的年纪。在搭班子演出过程中，尹桂霞自感自己会的戏没有二英子多，就心生怯意。那时艺人最怕点了戏不会唱，撑不了台。二英子就给她鼓劲："桂霞别怕，有我呢，你不会的戏我替你上，然后我再教你。"遇到二英子，尹桂霞算是很幸运的。二英子上台的时候，她让尹桂霞仔细看着她演，下了台之后，二英子就一句一句地教。没有演出的时候，二英子全身心地教那些尹桂霞不会或是不熟的戏，从唱腔到动作。尹桂霞基础好，脑子灵，一教就会，这让二英子很欣喜。在安徽搭班子演出期间，尹桂霞跟着二英子学会了好几出戏，《王丁宝借

年轻时期的尹桂霞在传统柳琴戏《打干棒》中饰演张四姐的剧照

当》里的大姐，《王小赶脚》里的小二姐，《武松杀嫂》里的潘金莲角色等，都是二英子教的。二英子是位了不起的拉魂腔艺人，她不仅唱腔美，会的戏多，还能饰演多种不同的角色，能演小丫头，能演佘太君，也能演男角杨六郎，角色跨度如此之大，令人称奇。也许是受过二英子的亲传，现在的尹桂霞的艺术特点很像当年的二英子。

　　新中国成立后，安徽拉魂腔定名为泗州戏。1951年安徽凤阳县人民政府以左银芝和她的丈夫左运前的戏班子为基础，成立了凤阳县大众剧团，后来改名为凤阳县泗州戏剧团。1956年左银芝被调到安徽省艺术学校任泗州戏科唱腔老师。1958年调到安徽省泗州戏剧院任教，1962年调回

凤阳县泗州戏剧团。左银芝在《皮秀英四告》《大书观》《樊梨花点兵》等许多传统的泗州戏剧目表演中，表现出精湛的艺术才华，并当选为安徽省戏剧家协会会员。

每每想起二英子，尹桂霞心里都有说不出来的感激，一个当红的角儿，能够主动去教一个同行的戏，这在现在算不了什么，但在旧社会唱戏的行当里，必须有很高的胸怀和境界，才能做出无私传戏的事来。

第五章

抗战演出找到价值与自尊

第五章 抗战演出找到价值与自尊

一、投身抗战宣传

抗战爆发以后,"尹家班"长期流动演出的主要地徐州,成为中华民族在抗战初期抗击日寇入侵的前哨重镇。台儿庄战役更是极大地鼓舞了全国军民的抗战信心,反法西斯战争的熊熊烈火燃遍了整个徐州大地。尹桂霞和她所在的"尹家班"连同柳琴戏艺术,受到了战火的洗礼。

抗战时期,共产党领导宿北县(今宿迁、新沂一带)抗日民主政府在弥漫的战火硝烟中利用一切可以利用的手段,组织抗日宣传,推动抗日救亡运动更大规模地更有效地进行。

1945年10月,宿北县抗日民主政府将长期在农村流动演出的拉魂腔艺人组织起来,集中培训学习。县长蔡贡庭亲自安排,集训的地点设在宿迁北部的花墩村。此前,由于受战乱的影响,很多戏曲艺人颠沛流离,一些拉魂腔的班社演出也日渐减少,有些小的班社纷纷解散。实力较强的"尹家班"仍四处演出,以维持生计,因为整个尹氏家族的人几乎都在戏班里,离开了舞台,他们就难以有生路。听说共产党的抗日民主政府组织艺人宣传抗日,"尹家班"积极响应,尹桂霞和丈夫李春生、父亲尹作春等不再参加民间的任何演出活动,全身心地投入到抗日宣传中去。

在集训地，尹桂霞和其他的艺人一起先是接受了三个多月的政治理论和业务知识学习，从思想上与共产党抗日救国的思想保持高度一致，在行动上让自己成为抗战中的文化先锋和精神武器，坚定不移地支持抗战将日本侵略者彻底消灭。集训期间，教员们给艺人讲抗战的重大意义，揭批日本侵略者在中国犯下的滔天罪行，经过学习，艺人们都饱含着深厚的爱国主义情感，都深感自己肩负神圣的抗战使命。集训结束后，百余名艺人自动组成了新庆、同庆、永庆、大庆四个拉魂腔戏班（简称"四庆"班），用拉魂腔的演唱形式排演抗日宣传剧目，隶属宿北县文工团领导编入八路军抗日宣传队。

"四庆"班艺术委员会副主任兼新庆班领班叫季良奎，此人自幼酷爱柳琴戏，18岁拜著名东路柳琴艺人高兴富为师，学艺两年后，在新沂棋盘、安徽灵璧一带搭班唱戏，25岁开始领班。29岁时，他靠平时省吃俭用攒下来的钱，花了三百多块大洋，购置了衣箱，于是成了当时新沂地区众多戏班中最先有"行头"的箱主、班主。他领的戏班开始时仅七八个人，后来发展到二十多人，演出范围也不断扩大，从宿北地区向邳县、东海、郯城、苍山一带延伸。季良奎戏路宽广，对韵律有较深刻的研究，演唱具有独特风格，在苏鲁豫皖柳琴界颇有名气。这一时期，季良奎成为拉魂腔班社众多艺人的领头雁，带领艺人们在宿北解放区为广大抗日军民演出，演出的剧目除传统戏外，还有配合抗日斗争、巩固革命政权的现代戏。

由于组织起来的都是有丰富演出经验和技艺的艺人，个个都能说会演，也都是多面手，上台是演员，下台是职员，演完角色拿乐器，放下柳琴敲板鼓……一专多能，一人多用。为了达到宣传抗日、鼓励士气的目的，四个拉魂腔戏班演出的剧目大多是自编自演。前方打了胜仗，传来喜讯后他们就立即着手编排，进行演唱宣传。四个拉魂腔戏班先后排演了自己创作的《血海深仇》《打鬼子》《改造二流子》等剧目，也有从新四军盐城鲁迅艺术学院传抄过来的，例如《减租减息》《拥军拥抗》《打鬼子》

《胜利在望》等二十余个新剧目。

尹桂霞所在的抗日宣传戏班主要活跃在鲁南、苏北陇海铁路沿线，部队打到哪，他们就跟到哪，进行火线演出。由于丈夫李春生的两位亲人被日本鬼子所杀害，尹桂霞夫妇对鬼子怀有刻骨的仇恨。他们深知，只有跟着共产党领导的八路军干革命，才能早日把日本鬼子消灭掉，才能为死去的亲人报仇。他们在艰苦的环境下编曲、排戏、演戏，不怕苦，不畏难，不惜流血牺牲。

那时的抗日宣传演出多为露天，条件十分艰苦，只有幕布、照明的汽灯、简单的乐器和少量的服装。戏台或是选在一个避风之处，高坡稍加平整，用草席隔出个前后台来；或是在村中找一空场，用老百姓的门板之类的木料搭起一台子，用幕布把前后台分开……很多道具都是在哪演出就地取材，因为都是现代戏，场景与百姓生活相近。露天演出，为了让观众听得清，演员的嗓门往往要放得最大，经常会唱哑了嗓子；数九寒天，演员在台上冻得直打哆嗦；三伏炎夏，常有演员中暑晕倒在台上。尽管如此，每个演员对每一场演出都认真对待，力争演出最佳水平。

随着这些剧目的演出，"四庆"拉魂腔戏班在群众中的影响力越来越大，在苏北一带的抗战宣传中发挥了举足轻重的作用。

二、从旧艺人到文化战士

此时的尹桂霞有一种扬眉吐气的感觉。过去四处唱戏只是为了生存，处处受欺凌，没有社会地位，没有做人的尊严；而现在演出是为了一种使命，为了民族解放而唱，鼓舞人心，受人尊重。她几乎每天都和父亲、丈夫一起参加抗日宣传演出，到解放区的各个村去唱，尤其是演《血海深仇》这出戏，每演一场，台下观众都是哭声一片。尹桂霞和艺人们为宣传抗战东奔西走，老百姓都亲切地称这些艺人为"马列主义的号嘴子"。

由于战时共产党的抗日政府财政困难,参加抗战宣传的所有艺人都是没有工资的,每天只发一斤玉米面。尹桂霞一大家全靠这玉米面生活。尽管没有钱赚,但她感觉和过去的演出相比,抗日宣传的那段岁月最有激情,也最有意义。共产党抗日政府发给的那一斤玉米面,比达官贵人赏给的一根金条都珍贵。

由于战火四起,宿北县的四个戏班采取时分时合、灵活机动的演出形式,活跃在解放区的各村庄及敌占区的外围以及敌我夹缝地区。演戏时如果突然听到远处有枪声,就立即停止,疏散观众,在夜幕和庄稼的掩护下转移到安全地带。好在当时演出条件比较简便,因为都是现编的抗战戏,没有过多的像古装戏那样的道具行头,艺人们随时随地都能为抗日做宣传演出,广大军民十分喜欢。尹桂霞,也从一名靠卖艺为生的拉魂腔艺人,成长为一名抗日战线的文化战士。"我们是文化的战士,战斗在最前方。我们在战斗中生活,在战斗中锻炼成坚钢。舞台作战场,笔杆作刀枪。向敌人肉搏、冲锋,呼唤人民上战场。"① 这几句抗大一分校文工团团歌里的歌词,正是尹桂霞及当时宣传抗日的柳琴戏艺人们的真实写照。

宿北县"四庆"拉魂腔戏班是在炮火连天的战争环境下建立起来的,这自然就注定了它们不平凡的使命。这种抗战服务是它们的意义所在。正如歌词所唱,此时的尹桂霞拿起了文艺的武器与日本侵略者搏斗,是用拉魂腔的曲调在号召群众奋起抗战,以实现抗日救国的最终目标。

参加抗战剧的演出,对尹桂霞及所有艺人的灵魂也是一种洗礼。旧社会拉魂腔艺人们所演的剧目内容大多陈腐,有的是宣传封建、迷信、愚昧、淫秽的思想,像什么才子佳人后花园相遇私订终生,后才子中状元,佳人遭落难;或是屈死鬼还魂报怨,等等,这些旧剧折射的是听天由命的思想,没有反抗与斗争;而抗战剧目所反映的是抵御外侵,同仇敌忾,民

---

① 王杰:《忆抗大一分校文工团》,《山东省文化艺术志资料汇编(第二辑)》1984年10月,第6页。

众心心相连这样一种向上的力量，对这些艺人们来说，这是一次思想上的革命，从而更加端正了文艺方向。通过他们所展现给人们的柳琴戏艺术，在砥砺民众、鼓舞士气方面发挥了强大作用。

三、黎明前的黑暗

1947年初，中国共产党领导的宿北县政府做战略性转移北撤山东，随后，以地主豪绅为基础的反动武装组织——还乡团，在国民党支持下，随国民党军队进攻鲁南、苏北解放区，到处反攻倒算，烧杀抢掠，无恶不作。尹桂霞所在的抗日宣传戏班被国民党还乡团打散，八路军宣传队负责人被捕，四庆班暂时解体。

宿北党政军北撤后，季良奎并未离开，而是把戏班小化，与朱大友分成了两个戏班。是年7月，季良奎班在袁场演出，朱大友班在纪集演出，棋盘还乡团姓沈的乡长得知情况后，派保丁把季朱二人绳捆索绑抓到了棋盘花墩，在黑屋子里关押了半个多月，让二人交代为共产党演出宣传抗战的"罪行"。季良奎妻子张桂玉四处奔波，托人说情，又亲自送去18块大洋，季这才被放了出来。释放后，季良奎夫妇携女含泪离开家乡，到南京九江圩一带演出，维持生计。

尹桂霞与丈夫被迫回到了李春生的老家——郯城县花园乡张哨村。刚一回到家，李春生便被当地的还乡团抓起了，因为做抗日宣传，跟着共产党八路军干革命，李春生遭到反动派的严刑拷打，被折磨了一天一夜，被打得浑身是伤。尹桂霞把丈夫背回家，照料养伤，但还乡团依然不肯放过他们，经常半夜三更砸开门闯进来，要么一顿乱揍，要么用盒子枪指着夫妻俩的头进行恐吓："再敢跟着共产党瞎胡闹，就一枪崩了你们！"

由于在家里根本没法过安生日子，又找不到八路军的部队，尹桂霞夫妇便于1948年，再次投奔到季良奎的戏班里，跟随季良奎的戏班南下，到上海唱戏。当时季良奎是箱主，拥有衣箱，整个拉魂腔戏班有二十人左右，包括著名的柳琴戏艺人王玉凤、王桂银等人。来到上海以后，戏班就在一个小剧场里唱戏。除了在小剧场唱，也去浦东等地的官僚富绅家里唱堂会。

那时，每天到小剧场里听拉魂腔的大多数是北方人。一位姓王的大哥是尹桂霞的同乡，是戏班的忠实观众。他说自己特别喜欢拉魂腔，并知道"尹家班"，说在老家"尹家班"的名声很响，为此他也格外喜欢尹桂霞与李春生夫妻"二人口"戏，只要是他们夫妻的戏，王大哥每场必看，渐渐与尹桂霞夫妇成了好朋友。王大哥作为尹桂霞夫妇的戏迷，专门请尹桂霞夫妇游览了上海滩的景点，请他们到饭店吃了顿灌汤包，送给尹桂霞夫妇一床新被面和新鞋子。但尹桂霞一直不了解这位王大哥的职业，每当问起他也避而不答。王大哥居无定所，有时也有戏班里住。尹桂霞隐约感觉，这位喜欢拉魂腔的王大哥可能是共产党，是做大事的。后来，就失去了联系，解放后尹桂霞夫妇也曾四处打听，却始终没有这位王大哥的下落。

1948年的上海正是经济形势急剧恶化的时候，由于通货膨胀而引发的"米荒"，加之蒋经国为对付共产党，下令不准卖食品给外地人，让尹桂霞这帮外地来上海滩唱戏的艺人生活遇到了很大危机。买不到米，饭馆也不卖给他们饭。实在是饿得不行了，戏班托人买来大半布袋牢饭，分给戏班里的人吃。所谓的牢饭，就是监狱里犯人吃剩下的饭渣，被一点点地收集起来，弄到外面，高价卖给吃不上饭的外地人。这些饭渣子都馊了，有一股子怪味，每人分上一碗半碗的，吃到肚子里会感觉一阵阵的恶心，但即使这样，也总比饿死了强。

上海无法再呆下去，尹桂霞夫妇又随戏班来到了南京。他们是1948年麦收时到的上海，来到南京时已是年底。

落脚南京后，在水西门剧场演出。水西门，明称三山门，是南京明城墙十三座内城门之一，坐东向西，面临秦淮河，为水陆两栖城门，规模仅次于通济门以及聚宝门（今中华门），也是旧时从水路进出南京城的主要通道，为福船型（鱼腹型）内瓮城的主城门。解放前此地为南京人的娱乐之地，比较繁华。今天的水西门依然是南京的文化艺术中心。在国民党统治下的南京唱戏，尹桂霞与所有的艺人一样，受尽凌辱，生活极为贫困。

就这样，夫妻二人在南京一直唱到1949年的农历3月13日，他们的第一个孩子李华出生了。孩子出生后的第三天，江北开始往南京打炮，南京硝烟弥漫，几天后解放军攻克了南京，国民党政府仓皇逃窜。

解放军占领南京后，国民党军队用飞机对南京城进行轮番轰炸，一枚枚炮弹落下，爆炸声不绝于耳。戏班的人各自逃命，又自动解散了。尹桂霞抱着出生几天的儿子与丈夫一起拼命往江边跑，准备乘船回江北老家。子弹雨点样打在身后的墙上、门上，一路躲，一路跑，尹桂霞抱着孩子跑了整整12天，终于来到了江边。江边站满了逃离南京的百姓，一位老乡认出了尹桂霞，在老家时经常看她的戏，知道她就是"尹家班"尹作春的闺女。老乡挤上一条船先走了。尹桂霞和丈夫上了另外一艘人货混装的民船，开始了水路返家的路程。

民船上人多货多，行进得非常慢。有时搁浅了需要人到岸上拉。船在江里行进，国民党的飞机在上面不断往江里扔炸弹，一颗颗炸弹在江中掀起一股股水柱，途中尹桂霞亲眼看见跟在他们后面的那条船被炸弹炸毁了。狭小的船仓容不下那么多人，尹桂霞抱着孩子坐在船板上，任凭风吹雨打。随身带的干粮有限，很快吃没了。好在途中时常有小船靠过来卖些吃食，丈夫买点过来两人填填肚子。总算是幸运，没有饿死，也没有被国民党的飞机炸弹炸死，在江上行走了20多天后，尹桂霞夫妇回到了宿迁县父母的家中。

见女儿一家平安回来了，父母又惊又喜。原来，从南京早逃回来的那位老乡也目睹了江中那条船被炸沉的情景，以为是尹桂霞乘坐的那条，就告诉了尹家老人，说："在江边遇到你闺女了，她坐的那条船在江中被炸了，人可能没有了。"两位老人真的以为闺女没了，几天来一直以泪洗面。

经过一个多月的奔波，正在月子中的尹桂霞已瘦得不成样子。回到父母家中后，怀里的儿子正好满月，只是在船上风吹日晒，黑不溜球。尹作春便给自己的外孙取名"小黑"。这位小黑就是李华，后来成长为柳琴戏国家一级演员，并担任了临沂柳琴剧团业务团长。

尹桂霞儿子"小黑"李华（左）在柳琴戏《状元打更》中饰演状元的剧照

第六章

从旧社会艺人到新中国演员

第六章 从旧社会艺人到新中国演员

一、尹家班从此分两地

从南京回到家乡以后,"尹家班"的人又会聚到一起。新中国成立了,没有战火硝烟,一切百废待兴。唱戏依然是尹家人谋生的门路,只是,他们已不再是旧社会受人歧视的"戏子",而是新中国的演员,是为人民服务的文艺工作者。

1950年,尹桂霞与李春生夫妇及父亲尹作春,弟弟尹传高、尹传周,妹妹尹桂云一起,来到邳睢县姚树仁组建的柳琴戏剧团。

姚树仁老家是邳睢县古邳区宋小楼村,也是一位拉魂腔艺人,之前他与尹桂霞同在季良奎的戏班里唱过戏,与"尹家班"的人都很熟。姚树仁从新沂县季良奎戏班中把全家带回原籍后,便与随行的艺人王春举等来到当

尹桂霞的丈夫李春生年轻时的留影(时年25岁)

时邳睢县县政府驻地土山镇唱戏，后来打听到刚解放不久的水旱码头运河镇尚无戏班子，就决意去运河镇闯一闯。他自筹资金购买行头、道具之类，全家来到当时属于邳睢县猫窝区的运河镇。在运河镇住下以后，就四处联络拉魂腔艺人来搭班，陆陆续续召集了近30人，其中包括尹桂霞夫妇一家。因为姚树仁是召集人，又是他自费置办了戏箱，他是箱主，自然他就是该戏班班主，后来改为人民剧团，便改称团长。

开始在运河镇露天广场演出，很受观众欢迎。但寒冬腊月，不仅演员挨冻，就是观众也受不了。于是班主姚树仁就找运河镇工商联和当地居民商量，能否合资建一座简易戏园子，大家一拍即合，商定由当地居民杨君益牵头，采取入股提成的方式建戏园。后来又邀约了王兴臣等共七家集资兴建，每家拿出50万元钱（相当于50元），后来又加入一股，总共八家入股。园子于1950年12月盖成正式使用。地址在镇东头紧靠运河岸轮船码头下面，周围用秫秸夹成篱笆墙，是露天的场子，场子里安有长木条钉的凳子，共二百多座位。舞台是用碌碡支着门板拼成，上面又堆放一层土。舞台上面盖了一个草棚子，舞台后面有两间化妆室，也是草屋。整个戏园子是东西方向，舞台台口面向东，戏园大门向南。戏园经理是杨君益，还有一人负责服务。另外还雇了一个茶房张二，不算戏园职工。剧团演戏由园子负责售票，除了售座位票，还要售站票，大约能容纳五六百人。这个园子属私营性质，票价每张最高2千元（相当于2角），最低1千元。开始园子提成15%，剧团提85%。最初基本都是姚树仁所带的戏班长期在此订合同演出，偶尔也接本县京剧团或别的剧团来演出，没有固定演出团体。此时戏园没起名字，因为紧靠运河堰，老百姓就统称为"运河戏园"，又因主要演出拉魂腔，老百姓又称"小戏子"，所以又叫"小戏园"。

戏班成立之初，因为许多都是像李春生、尹桂霞这样很有影响的演员，所以看演出的观众非常多，收入也很好。当时这个家庭混合班的分红采取股份拆账制，一股是十厘。有影响的主要演员占股份多一些，戏箱打成股份参与分账,家属和孩子也折合三至九厘参与分账。人民剧团成立后,人员进出自由。半年后,尹桂霞夫妇与父亲尹作春三人,离开这里去新沂剧团,而弟弟和妹妹留在了邳睢县的人民剧团。从此,"尹家班"的人拆分到了两地。

二、在新沂民营剧团的日子

尹桂霞三人之所以离开邳睢县的人民剧团到新沂,都是因为他们的老班主季良奎。

家乡解放后,季良奎回到了新沂,重新拉起有十多人的小戏班。尹桂霞夫妇听到消息后,便投奔到季良奎的戏班。至1952年,戏班扩大到23人,比较固定的在新安镇民乐剧院演出,民乐剧院是一家由几位退伍军人投资开办的私人剧院。后来,季良奎的戏班被政府命名为"民众剧团"。政府的命名给民众剧团带来了极大的影响力,后来剧团规模不断壮大,达到五十多人,成为行当、行头基本齐备的民办演出团体。

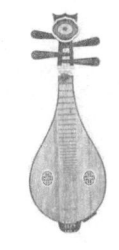

季良奎之所以有如此大的号召力,有三方面原因:一是他有令艺人们敬佩的人品和向往的较完备的行头;二是他的戏班里有当时宿北及周边地区最棒的演员,如小生朱大友,青衣花旦吴玉兰夫妇,他本人的须生、老生,妻子张桂玉的彩旦、老旦;三是季良奎尊重艺人、善待艺人,德高望众,故而一呼百应,这也是最重要的原因。

虽然尹桂霞夫妇所在的民众剧团属于季良奎的私人剧团,但一切听从县文教局管理,排什么戏,演什么戏,都是根据政府宣传基调而定。剧团的业务排演主要沿袭"说戏"制度,基本是古装传统戏,也曾经配合中心工作编演一些现代戏。比如为了宣传《婚姻法》,倡导婚姻自由,剧团编演了《小二黑结婚》,主角是尹桂霞夫妇,尹桂霞演小芹,李春生演小二黑;为了配合抗美援朝的大形势,剧团编演了《好军属》,尹桂霞演女主角军属大娘。陆续又编演了《王宝山参军》《李二牛归队》等反映当兵报国情怀的现代戏。每一出新戏，女主角都少不了尹桂霞，主要是因为她的脑子好使，学戏快，对人物的个性把握准确。

与旧时的戏班不同，新沂民众柳琴剧团成立以后，虽然仍是私人剧团，但逐步走向职业剧团的舞台化、正规化的轨道，业务量也大幅度提高。论从表演、服饰、化妆到舞台设置等，均摒弃了以往"跑坡"时地摊演出的陈规陋俗，把演出艺术向前推进了一大步。虽然都是用汽灯照明，但也租用了"硬景片子"营造舞台环境，乐队文武场人员增加，大大烘托了演出气氛。

尹桂霞的民众剧团多数时间是在民乐剧场演出，一开始是不卖票的，像旧社会一样向观众"乞钱"。当时新沂还有个唱京剧的剧团，也是私人剧团，他们靠卖票收入，与柳琴剧团同时演出。但当地群众看柳琴戏的多，听京剧的人少。见柳琴剧团演出场场火爆，他们就向县主管部门提出，柳琴剧团也得卖票。于是民众剧团也采取卖票的方式。不过还真不是卖不卖票的原因。柳琴剧团卖票以后，买票进剧院看柳琴戏的观众依然比去看京剧的观众多很多，由此来看，乡土气氛浓郁的柳琴戏更受当地老百姓的欢迎。剧团的主要收入靠在剧场日夜两场的演出，每张票的价格一般为时价1千元，每天收入大概时价四五十万元，除去交给剧院的场租外，剩下所有演职人员劈份分红。戏箱则按三股打入分红。演职员病了不影响分红，但是旷工者不参加分红。全团吃大锅饭，专门请来炊事员做饭，伙食账单独从演出收入中支出。

三、徐州演出的火爆

上世纪50年代初期，新沂民众柳琴剧团红遍鲁南苏北地区。除了该地域百姓对柳琴戏由衷的喜爱，还有一个重要因素就是柳琴戏界知名的红角李春生、尹桂霞夫妇及王玉凤、王桂银夫妇都在这个剧团。另外，季良奎剧团的服装道具也是同类剧团中最棒的，他们经常被外地的一些柳琴剧团请去演出，以增加当地演出的人气。

在新沂民众柳琴剧团期间，由于演出场次多，观众热情高，没有了战乱，摆脱了被人歧视的状况，演员们自然也有激情，尹桂霞夫妇的演唱水平在这一时期有了突飞猛进的提升。尤其是丈夫李春生，嗓音高亢洪亮，唱腔好听且具有较强的穿透力，扮相英俊潇洒，武功超群，是剧团里的一号男主角，在苏、鲁、豫、皖一带影响很大，名声很响，角儿很红，剧团走到哪，都受到观众的追捧与欢迎。当年李春生在观众心目中的地位，不亚于当今明星刘德华。他在很多柳琴剧目中饰演的角色给观众留下了深刻印象，令人叫绝。如在《大西唐》中饰演的薛丁山，《大破孟州》中饰演的罗成，《秦英征西》中饰演的秦英，《对花枪》中饰演的罗艺，《白罗衫》中饰演的徐继祖，《刘桂臣算卦》中饰演的刘桂臣等。每当他出现在舞台上，便引起台下观众的阵阵喝彩。作为李春生的搭档，尹桂霞同样是夫唱妇随，不断提高自身的表演水平。她表演花旦唱腔华丽甜美，身段灵活；表演老旦唱腔高亢，念白沉实，动作成熟稳重。如她在《破洪州》中饰演的穆桂英、《白罗衫》中饰演的郑月素等角色，都令观众称道。而此时新沂民众柳琴剧团里还有一位重量级演员，那就是王玉凤。王玉凤生于1926年，她四岁学艺，14岁就成了名角。她擅长旦角青衣，扮相清秀端正，台步轻盈，身段洒脱，吐字清晰，深受戏迷喜爱，是鲁南苏北一带的红角。王玉凤以悲腔见长，在柳琴界独树一帜。

有名角的剧团不想火都难。剧团经常被周边一些剧院请去唱戏，每到一地，都能引起轰动。当地的工会组织或是民间团体往往送上锦旗，以表达对演员的喜爱。李春生光是这样的锦旗就收到了四十多面，上面绣有"苏鲁豫皖勇猛武生"、"艺术超群"等字样，还有民间组织送给剧团一整套舞台幕布，包括后幕、边幕及前面的大幕，大幕上绣着"李春生"三个大字，足见观众对柳琴戏及李春生的喜爱程度。

以季良奎为团长的新沂民众柳琴剧团活跃在苏鲁豫皖四省，渗透到城市乡村，演出市场异常活跃，出现了历史上从没有过的争剧团、争时间、争场次、争剧目的局面。在李春生、王玉凤、尹桂霞这些名角的带动下，新沂柳琴戏由此名气大振。

李春生在传统柳琴戏《秦香莲》中饰演包公的剧照

有一次，江苏徐州市一家剧院邀请尹桂霞所在的剧团去演出，剧院与剧团签订了两个月的演出合同。徐州当地的剧团听说新沂剧团要来演出，于是联合了好几家剧团组成强大的演员阵容与新沂剧团唱对台。新沂剧团先是演出了由李春生担任男主角、王玉凤或是尹桂霞担任女主角的经典戏，如《白罗衫》《刘桂臣算卦》《皮秀英四告》等观众喜闻乐见的剧目，紧接着又上演了李春生文武兼备的拿手戏《大西唐》《大破孟州》《水淹罗成》《秦英征西》《罗章跪楼》等，李春生在戏中饰演薛丁山、罗成、秦英、罗章等角色，他不仅唱腔高亢、洪亮、悦耳，耍起大刀和银枪，动作娴熟优美。特别是他的原地前空翻、后空翻，一气能翻二三十个小翻，扎着大靠从二张半的桌子上翻下来的表演，震惊了徐州观众，演出现场掌声、叫好声不断。观众都说："李春生不仅唱得好，武功也好，他在台上都能飞起来。"演出期间，观众都争先恐后地排队买票，新沂剧团的演出场场爆满，而唱对台的联合剧团只唱了两天就收场了。原因很简单，观众都跑到新沂剧团的演出现场了。

演出的火爆自然给剧院带来了良好的收益，两个月的演出合同结束后，剧院千方百计、想方设法阻拦着剧团不让走。徐州方面以查户口的名义，给新沂剧团出难题。当时剧团确有一演员家中有事离开。徐州方面以"剧团少了人没向他们报告"为由，当即把李春生扣留下来去扫大街。新沂民众柳琴剧团没有李春生也就无法再继续演戏了，于是只好又和徐州的剧院续签了半个月的演出合同。这半个月的演出依然是场场爆满，

尹桂霞的丈夫李春生（前排左一）在新沂剧团加入共青团时，与剧团的团支部成员一起的合影

李春生夫妇及王玉凤这些名角的精彩表演，让徐州人过足了戏瘾。

柳琴戏的火爆与观众对演员的追捧，令从旧社会拉魂腔舞台上一路走来的尹桂霞夫妇感慨万千。旧社会唱戏只是为了糊口，而现在唱戏是丰富百姓的文化生活，是宣传党的路线方针政策。虽然她所在的新沂民众柳琴剧团仍是民营剧团，但却与旧时的戏班有着天壤之别。他们的剧团有政府部门管理，县主管部门、街道有党、团组织，彻底废除了封建班主所有制，完全实行演职人员民主管理，演员们都积极地学习政治、文化、业务，社会地位得到很大提高，艺人们再也不是让人瞧不起的"戏子"，而是新中国服务于大众、服务于社会的戏曲演员。在新沂剧团期间，尹桂霞夫妇在业务上相互指导，共同提高，在政治上也积极要求进步，1952年，她的丈夫李春生光荣加入了共产主义青年团。

第七章

火红的岁月

一、王股长"三顾茅庐"

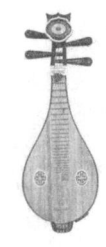

20世纪50年代,是中国戏曲舞台繁荣时期。当中国戏曲的从业者欣喜于艺术理想的高扬和当家做主的自主的时候,全国的民营演出团体基本选择了向公营剧团的转变。比如尹桂霞夫妇所在的季良奎创办的民营新沂民众剧团,后来改为了新沂县人民剧团。1954年10月,经省文化局批准,同意成立新沂县柳琴剧团,并由该团直接转为县柳琴剧团。公营的柳琴剧团成立后,季良奎任第一任团长,他自己购置的四个衣箱全部无偿捐给了剧团。

除了民营剧团向公营剧团的转变,很多地方的国有剧团也纷纷成立。那些在戏曲舞台表现出色的当红演员自然就成了各剧团争抢的对象。

新中国成立以后,戏曲在党的百花齐放、百家争鸣、推陈出新的方针指导下,一切欣欣向荣,万物蓬勃发展,柳琴戏也不例外,它在党和人民政府的大力培养和爱护下,也以崭新的姿态飞跃地向前发展。1953年,过去的拉魂腔也有了新的名称,皖北的拉魂腔称为泗州戏,鲁南、苏北、豫东的拉魂腔称为柳琴戏,而苏北的拉魂腔称为淮海戏。

1953年,山东省临沂专区剧团京剧队的王股长,受组织委派来到了

调入临沂专区柳琴剧团后的尹桂霞

江苏省新沂县，找到李春生、尹桂霞夫妇，热情、真诚地邀请他们到临沂专区剧团工作，并摆出了他们去临沂工作后的种种优惠条件。临走时，王股长还给他们留下了一笔定金。

虽说去临沂工作是进入国营剧团，各方面的待遇也比新沂剧团好，但尹桂霞、李春生都不愿意离开新沂，这里有喜欢他们的观众、有朝夕相处的演员，有在解放前就一起唱戏闯天下的老班主季良奎，有他们熟悉的剧场、舞台。尽管当时新沂剧团还属民营，但尹桂霞在这里的工作、生活氛围都很好，"只要有戏唱，在哪唱都一样。"尹桂霞当时就是这么认为的。尹桂霞把临沂王股长留下来的定金又给退了回去，表示不离开新沂剧团。

不过临沂专区剧团也很执着，不挖走尹桂霞、李春生誓不罢休。王股长前后到新沂三趟，尹桂霞定金退了三次。最后，还是临沂专区剧团的执着感动了尹桂霞夫妇。他们答应去临沂，工资福利待遇一概没提，李春生只提了一个条件："到临沂后，党组织得发展我加入中国共产党。"虽然是一名演员，李春生政治上一直是积极要求进步的，他认定没有共产党，没有新中国，就没有唱戏人的今天。因为当时新沂剧团属民营，还没有党、团组织，李春生加入中国共产主义青年团是在街道上入的。对于这样一位要求进步的青年，王股长爽快地答应了他的条件。

1953年9月，尹桂霞和丈夫李春生带着四岁的儿子李华、刚出生不到两个月的女儿李秋娟，一家四口来到了临沂，这一来，就再也没有离开。

二、"带戏"演出惊四座

　　临沂专区剧团包含两个剧队，一个京剧队，另一个是柳琴剧队。新来的演员是要亮亮活的，就像新聘的厨师要做上几道拿手菜让大家品尝一下手艺一样。尹桂霞夫妇来到临沂专区剧团柳琴剧队后演的第一台戏是《破洪州》，尹桂霞饰演穆桂英，李春生饰演杨宗保。

　　《破洪州》也叫《战洪州》，是一出非常经典的大型古装戏。也是一出以刀马旦为主的传统戏。剧情是辽邦萧天佐领兵犯界，北宋元帅杨延景和十家总兵围困在洪州城。杨宗保单骑突围，回朝搬兵。朝中无人挂帅出征，八贤王赵德芳和天官寇准奉旨到天波杨府调兵遣将，佘太君以杨府无有兵将可调推辞。寇准带八贤王溜入后花园演武厅鸣金击鼓，穆桂英全身披挂率领杨家男女兵将威风凛凛而出。寇准采用激将法使穆接了帅印，又以赏赐手法将先锋官金印给了宗保。桂英不知夫为先锋，宗保不知妻为元帅。校场点兵，先锋误卯，遇到妻子责夫的尴尬。桂英领兵来到洪洲，宗保未给父亲、桂英道明，两方相见闹出翁媳碰面、翁参儿媳的笑话。宗保正在暗自发笑，却遇帐内帐外、妻子父亲两处传唤，两方责备。肖天佐前来讨战，宗保不谙桂英之策，私自出战，大败而回，桂英责问，宗保反斥桂英惧敌不战。桂英下令军法处置，责打宗保四十军棍。桂英晓以军法大义，宗保领悟妻子情意。肖天佐再来讨战，宗保献计设伏，自己领兵迎战，将敌诱入埋伏。桂英领兵厮杀，致使胎动腹痛。军阵前生产，背子再战，刀劈肖天佐，解去洪洲危。

　　尹桂霞时年 24 岁，她扮演的穆桂英容貌青春靓丽，文武双全、唱做俱佳。尹桂霞能把唱做并重以刀马旦为主的此戏演得如此精彩，自然赢得观众的阵阵掌声。当时临沂柳琴戏队能够演出的都是文场戏，演像《破洪州》这样的武场戏还是第一次。李春生更是演武场戏的高手，夫妻俩第一

次的舞台演出，在临沂引起了强烈反响——李春生、尹桂霞真是名不虚传啊！

随后，他们夫妻二人又先后主演了《白罗衫》《大花园》《樊梨花点兵》《皮秀英四告》等传统经典柳琴戏，叫好声不断。夫妻俩出色的演技，得到了观众和临沂专区剧团领导的认可。不久，李春生被认命为柳琴剧队业务股长，其职责相当于现在的剧团业务团长。

在柳琴戏剧队，尹桂霞和李春生都是剧队的业务骨干，与张金兰、邵瑞武夫妇同为临沂专区剧团柳琴剧队的"四大台柱"。担任了业务股长的李春生还要承担剧队的管理工作。夫唱妇随，尹桂霞在演好戏的同时，承揽了照顾孩子等全部的家务，让丈夫全身心地投入到柳琴戏事业中去，她配合李春生在落实国家戏曲改革发展政策方面做了大量工作。

三、"戏改"的春天

20 世纪 50 年代，中华人民共和国文化部先后成立了"戏曲改进局"和"戏曲改进委员会"，以组织和指导戏曲的创作和实践，之后，"戏曲"作为国家文艺样式的重要品种，成为文化管理部门发展文艺事业的重要内容，戏曲创作与实践的成就和经验，也成为国家文艺政策得以确定的重要依据，戏曲的现代化正是在这样的文艺环境中得以大规模地开展。

这个年代也正是柳琴戏大改革、大发展、大繁荣时期，可以称得上是柳琴戏的"黄金时代"。2016 年，89 岁的尹桂霞再回忆起那段时光，仍然心情振奋，津津乐道。

且看新中国成立后中国戏曲发展的新形势。1951 年 5 月 5 日，中央人民政府政务院发布了《关于戏曲改革工作的指示》，同年 5 月 7 日，人民日报发表了《重视戏曲改革工作》的社论。1952 年 10 月，文化部举办了第一届全国戏曲观摩演出大会，毛泽东主席为大会题词："百花齐放，推陈出新。"1952年11月14日，周恩来总理在戏曲观摩演出大会闭幕典礼上发表讲话，对"百花齐放，推陈出新"的方针作了全面的阐述。戏曲改革的要求可以概括为"改人、改制、改戏"三个方面。

在旧社会柳琴戏艺人被称为"戏子"，处在社会的最底层，政治上没地位，经济上受剥削。"改人"就是通过政治理论学习和参加社会活动，树立柳琴戏艺人的主人翁感，不断提高他们的政治觉悟。组建不久的临沂专区剧团的演员们，多数都是像尹桂霞、李春生一样从旧社会演艺群体中走过来的艺人。他们受旧思想的影响，需要逐步树立革命的世界观和人生观，这样才能更好地发展人民喜爱的柳琴戏艺术。

由于在抗日战争时期就跟着共产党做过抗日宣传，很早就受到进步思潮的影响，尹桂霞夫妇的思想并不守旧，再加上李春生是共青团员和柳琴戏剧队的业务股长，他们夫妻俩在改造、团结旧艺人方面做了大量卓有成效的工作。剧团里很多艺人在旧社会都是穷苦出身，解放以后都有一种强烈的翻身感，经过学习和宣传教育，演员们政治思想上进步很快，他们坚决拥护党的文艺方针，积极投入到柳琴戏的改革与发展中去。

党和政府对柳琴戏的发展给予了高度重视。1953年，山东省组织专门人员对老戏进行挖掘。因为解放前柳琴戏剧目几乎没有什么文字资

尹桂霞在传统柳琴戏《王华买父》中的剧照

料记载，演出的剧目多数是条纲戏，主要靠老艺人口传心授，剧本、表演、唱腔、音乐曲牌都装在老艺人的心里，因此，老艺人成为柳琴戏艺术的重要宝库。尹桂霞的父亲尹作春积极参与到老戏挖掘整理工作中，他吃住在临沂小剧堂一个多月，由他说戏，找了几个大学生帮着抄词。当时一共挖掘出一百多出传统戏，仅从尹作春老人的口中就整理出四十多出柳琴戏中的王牌戏，如《点兵》《四告》《大花园》《四平山》《八盘山》《鲜花记》《罗鞋记》《四龙记》《三贤》等。

  国务院颁发了"关于戏曲改革"的精神后，临沂专区剧团首先对以前演出的传统剧目进行了整理改革，陆续编演了新的历史剧和传统戏，继而便兴起了大演现代戏的热潮。1954年，柳琴剧团排演出了第一个现代戏《小二黑结婚》，由李春生饰演小二黑，尹桂霞演小芹。随后排演出了《小女婿》《刘介梅》《沂河两岸》等。这一时期，柳琴戏将题材内容、表现形式推广到更广泛的民众生活领域，传统柳琴戏在擅长的才子佳人、帝王将相、家庭伦理等领域之外，增加了更多时代特征鲜明的内容，立足于各行各业的人民大众生活，将普通人的生活展现在舞台上。与此同时，柳琴戏的舞台呈现也与现代化的技术、理念结合，洋溢着焕然一新的时尚风情。在新编的柳琴戏剧目中普遍出现的工人、农民、解放军、追求进步的妇女等，这些舞台形象不仅仅是时代的产物，也是柳琴戏贴近时代的最好反映。应该说，新中国成立以后，作为"艺术"的柳琴戏，在中国戏曲改革的大旗指引下，正确选择了一条服务于大众的艺术创新之路。

  作为从旧社会走过来的柳琴戏艺人，尹桂霞和丈夫李春生都很感激新中国党和政府给予他们的舞台和对老艺人的尊重和重视。来到临沂地区柳琴剧团以后，她们夫妻思想进步，做事开明。以前在社会上四处演出数十年，她和丈夫都有属于自己的服装、道具，这些东西在戏曲界统称之"行头"。新中国成立初期，尽管还非常贫穷，但购置一件戏装少则几百元，多则几千元。来到剧团后，成为新中国的演员，尹桂霞有一种扬眉吐气的感觉。她和丈夫毅然将价值不菲的属于他们自己的数件演出服装，全部无偿地捐献给了剧团。他们这种无私的义举，受到了剧团的表彰。

四、演出的火爆

柳琴戏历史悠久，在临沂有着深厚的群众基础，它长期孕育于民间，扎根于民间，其表演艺术、唱腔、锣鼓曲牌极具地方特色，最受沂蒙百姓所喜爱。尹桂霞一家来到临沂以后，每天都在临沂新新剧场演出。每场演3个小时，每张票两毛五分钱。场场爆满，乡下人成群结队到城里听柳琴戏，壮劳力干完农活锄头一扔就往城里的剧场跑，孝顺的孩子用独轮车推着年迈的父亲来听戏。

其初，他们演出的多为传统戏。尹桂霞夫妇都是自幼学戏，基本功扎实，女声腔婉转优美，男声腔高亢洪亮，都有着极高的艺术造诣和艺术感染力，很多戏都是他们俩的男女搭档。他们俩人的戏路子都很宽，尹桂霞彩旦、青衣、刀马旦皆能演，李春生文武小生、老生、花脸、丑角都能行，很受观众的喜爱与欢迎。当时在临沂城乡流传着这样一句顺口溜："看戏不见李春生，白搭一天工。"

那时演员们的工作热情都十分高涨。刚来剧队时，尹桂霞两口子的工资是90元，每人45元，后来工资定级后，尹桂霞每月44.5元，李春生因为当领导，每月57元。剧队上下，人人都怀揣着满腔热情，却都不怎么讲待遇。他们除了演戏，还要做很多的义务劳动。

由于演出的火爆，新新剧场又不能满足众多观众看戏的要求。于是便开始兴建临沂剧院。新中国成立之初，国家还很贫穷，搞建设可不像现在这样立项后全部由政府拨款。为了节省有限的建设资金，尹桂霞和剧队的演员们一样，上了戏台是演戏，下了戏台是民工，抬石头、和泥灰，重活累活抢着干。剧院建成后，就连舞台上的幕布都是尹桂霞和剧团里的女演

1956年，中宣部、文化部组织的第一届戏曲讲习班华东地区代表团成员与梅兰芳合影（前数第四排右数第三人为尹桂霞的丈夫李春生）

员们亲自缝制的，真正体现出"自立更生，艰苦奋斗"的时代精神。

1954年，尹桂霞夫妇参加了山东省第一届戏曲观摩会演大会，丈夫李春生在《打干棒》中扮演崔子成，虽然这部戏剧情一般，由于演员演得好，李春生获得了演员一等奖。1956年李春生代表全国柳琴戏剧种，被选拔参加了由中宣部、文化部在北京举行的第一届全国戏曲讲习班。

这期七个月的讲习班由周恩来总理亲自安排、组织，中央和地方政府都非常重视，从全国三百多个剧种中精选了一百余个剧种的知名演员参加。当时山东省有四个剧种参加，分别是吕剧、柳琴戏、山东梆子、青岛茂腔。代表剧种参加此次讲习班演员有吕剧的郎咸芬、杨瑞卿，柳琴戏的李春生，山东梆子的刘玉朋，青岛茂腔的李玉香，由山东省文化部门负责人周少武带队。全国各剧种的代表人物齐聚一堂：如评剧的小白玉霜、新凤霞，湖北汉剧的陈伯华，广东粤剧的红线女，上海越剧的傅全香，河南豫剧的常香玉，安徽黄梅戏的严凤英等。对于李春生来说，这是一次难得的学习机会；对于柳琴戏来说，这也是一次展示、吸纳、借鉴的良机。讲习班上，每个剧种的演员都要上台作汇报表演。李春生表演的是《打干

1956年，李春生（左一）参加讲习班与文化部领导和其他演员在公园参观

1956年，李春生（左一）参加讲习班时与山东代表团成员合影

棒》，专家和其它剧种的演员们给予柳琴戏的评价是："唱腔优美，通俗易懂，朴实无华。"这期间，李春生得到了周信芳、马连良、谭富英、叶盛兰、李少春、裘盛戎、盖叫天等京剧名家的授艺和指教，各剧种演员之间也相互学习、切磋技艺。京剧大师梅兰芳还给每一位学员送了一张亲笔签名的三寸半身照。

通过学习和观摩，李春生开阔了眼界，他决心改革柳琴戏，如在手、眼、身、法、步等方面，学习吸取别的剧种长处，表演中注意刻划人物，根据剧情的变化和人物感情设计唱腔，等等。他吸收融合了评剧、京剧、淮海戏、豫剧、茂腔等剧种唱腔中的某些特点，大大丰富了柳琴戏的唱腔和表现能力。比如在饰演现代戏《红灯记》李玉和时，他设计的唱腔吸取了京剧、淮海戏中的一些特点，使唱腔丰富多彩，跌宕起伏，很抓人心，以致于每段唱完观众都报以热烈的掌声。再比如他在《秦香莲》中一个人饰演了丞相王延龄和包公两个角色。在设计包公唱腔时，他吸取了京剧裘派的发声方法，唱腔刚劲有力，观众根本就听不出来王延龄和包公是一个人演的，表演、唱腔完全判若两人。由于大胆吸收其他剧种的艺术元素，李春生的唱腔传情真切，感人至深，自成一派，完全形成了自己独特的演唱风格和技法。后来他的儿子李华在很多角色上也保持着他的演出风格。

李春生在柳琴艺术上的提升，也极大促进了尹桂霞艺术上的进步。通过和丈夫的交流探讨，她在唱腔设计方面也有了自己新的感悟。李春生在讲习班的所学所思，也深深地融入了她的脑海之中。舞台上的扇子组合、水袖组合、身段组合等表演技艺，都是李春生吸收其他剧种的表演，又一招一式传授给尹桂霞的，更加丰富了她的舞台表演艺术。夫妻俩相互促进，共同进步。1957年，李春生终于实现了他多年的夙愿，光荣加入了中国共产党。同年，他被中国戏剧家协会吸收为会员，后来又担任了柳琴剧团的业务团长。而尹桂霞不仅成为柳琴剧团的业务骨干，同时也是剧团年轻演员的老师。凡是新进剧团的女演员，基本上都是由尹桂霞带她们，先

尹桂霞（右一）在柳琴戏《回龙传》中的剧照

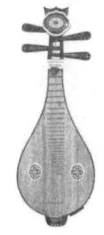

从基本唱腔教起，再到舞台动作，直到她们能够登上舞台担当角色。

1958年，尹桂霞和剧团的同事们除了在城里剧院唱戏，更多的时间是深入农村的下乡演出。她们用地排车拉着演出道具，每个县都去。农村没有现成的舞台，每到一地就扎布围子，用布隔出个前后台来，就开始为群众演戏。那时唱的基本都是新编的"教育戏"，以宣传新思想新路线为主，教育百姓"翻身不忘本，建设新中国"。白天演，晚上也演，赶上农忙时，剧团的演员们还要帮着农民干农活，掰玉米，挑大粪，尹桂霞丝毫没有女演员的那种柔弱和娇气，脏活累活抢着干。脸晒黑了，手粗糙了，她从未叫苦叫累。这村演完了，又匆忙赶往那村，就像当年的"跑坡"。

火热的舞台，让尹桂霞的柳琴艺术进入了个新的境界和新的高度。至上世纪60年代，她和丈夫合演的很多经典柳琴戏剧目的唱腔被灌制了唱片公开发行。《打干棒》《丝鸾记》《大花园》《秦香莲》《王华买爹》《瓦岗寨》《孙安动本》《十五贯》等，每一个角色，都倾注了她的感情和心血。

五、勤奋刻苦学文化

从小随父学习柳琴戏，并长年到处演出谋生的尹桂霞没有上过一天学，解放前一直戴着一顶"文盲"的帽子。她做梦都想学文化，有知识，能读书看报，能通过文字把自己心里装的那些剧目、唱词写下来，传下去。新中国成立以后，她的这一愿望得以实现。和其他旧社会走过来的艺人一样，解放以后，尹桂霞不仅摘掉了"下九流""戏子"的帽子，在社会地位上翻了身，而且通过自己的刻苦学习，也摘掉了"文盲"的帽子，在文化上翻了身。

1952年，中国开始了第一次大规模的扫盲运动。

新中国成立之初，我国约有人口5.5亿，文盲率高达80%。文盲问题成为新中国发展道路上的"拦路虎"，扫盲成为摆在新政权面前的一个亟待解决的难题。新中国刚刚成立，一场轰轰烈烈的扫除文盲运动便在全国范围内展开。新中国成立初期的扫盲识字运动是中国共产党领导的面向社会下层的群众运动，符合当时工农业生产实际和人民群众的生活需要。中国共产党和中央人民政府对新中国成立初期的扫盲识字工作给予高度重视，先后颁布了一系列关于开展扫盲识字的政策和法规，号召进行一次文化革命，并且根据实际，通过加强对扫盲工作的组织管理，采取了灵活多样的学习内容和形式。在中国共产党和中央人民政府的领导下，全国各地积极开展扫盲识字运动，扫除文盲。扫盲班遍布工厂、农村、部队、街道。人们以高涨的热情投入到学习文化的浪潮中。

尹桂霞被临沂专区剧团"挖"来的时候，剧团里的"扫盲"识字班已经开班了。尹桂霞来到临沂以后便立即加入了识字班的学习，《干部识字课本》已经教到第十课了。当时上课的地点选在剧团的小礼堂，剧团里男女老少几乎全都参加了扫盲学习。因为剧团里的人都是从旧社会走过来的艺人，当年他们只学戏，都没有上过学。包括她和李春生的老师李忠智、冯士选等老一辈艺人，也都在一起学识字。

当年临沂专区剧团积极组织演职人员识字学文化，帮助从旧社会走过来的老艺人脱盲，主要是为了使这些过去的"戏子"、现在的文艺工作者能更好地承担起为社会主义、为工农兵服务的政治使命及其宣传任务，扫盲运动对于剧团的意义和影响远过于此。演员们与文字的结合，成为他们靠拢并汇入主流社会和主流文化最有效的途径，当他们愿意通过识字而渐渐拥有文化的时候，无意之中就已经否定了自身所处的自由散漫而低级、杂乱、没文化的生存状况，同时也就开始脱离那个无知无畏的混沌天地，转而归依到此时此地的社会政治生活中来，这就为他们成为合格的新中国的文艺工作者、社会主义建设的宣传员而铺平了道路。

扫盲上课的时间都是灵活安排的，只要是不演出、不排戏的时候，大家都参加学习。尹桂霞记得最初教他们识字的老师叫韩一青，既教识字，也教美术。学习文化对于已是两个孩子母亲的尹桂霞来说，可谓是困难重重。儿子李华才四岁，正是调皮的时候，女儿李秋娟刚三个月，上课时，她将闺女抱在怀里，还要时不时管一管外面玩耍的儿子。晚上演出完了回到家里，照顾孩子睡了，自己捧着识字课本学，一遍遍地练写字；演戏候场的时间，别人会纳鞋底、织毛衣，而尹桂霞在看课本，学文化。

尹桂霞说，那时就是打心眼里想学习，尹家几代人，只会唱戏，没有一个识字的。她一直清楚地记得奶奶当年说的一句话："咱姓尹，咱那个姓是歪尾巴。"她们就是这样靠形象记忆记住了自己的姓氏，而却不会用笔把它写下来。

尹桂霞学文化的确是如饥似渴。尽管平日里排戏演戏非常忙，但她会挤时间，见缝插针，候台的空当她翻课本，做着饭的时候想着刚学的生字。她还将新戏的唱词当作识字材料，边排边学边演，这对她的学习进步帮助很大。由于她天资聪颖，再加上从小养成的刻苦勤奋的精神，她不但在很短的时间内补上了落下的十课，而且成为学员中学习成绩最优秀的一个。每次的文化考试她的成绩总是名列前矛，都在 90 分以上，唯一一次考了八十多分，受到了老师点名批评。批评的原因不是因为她考的分数低，而是因为没有以往考得那么好。

新中国的扫盲共掀起了三次高潮，到 1956 年，周恩来总理号召全国人民向现代科学文化进军，于是，第二次扫盲运动又掀起高潮；两年后，陈毅元帅在有关会议上说：扫盲使六万万人民睁开眼睛工作，非干好不可，第三次扫盲运动吹响了号角。从 1953 年进入扫盲班学文化一直到 1958 年，尹桂霞用了六年时间学完了从小学到初中的文化课程，她已经能够很顺畅地读书看报，学习《毛泽东选集》（四卷）也没有"拦路虎"了，这也为她日后从事柳琴戏教学打下了良好的基础。

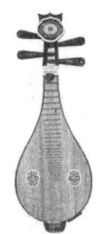

第八章 十年之痛

第八章 十年之痛

一、突如其来的灾祸

1966年，史无前例的"无产阶级文化大革命"开始了，尹桂霞及丈夫李春生的艺术青春也戛然而止，接下来的不是舞台下的欢呼与掌声，而是被打倒、被批斗的刻骨铭心之痛。

"造反派、黑五类、牛鬼蛇神、黑帮"这些名词都是"文化大革命"的产物。作为柳琴剧团的业务团长和戏曲舞台的主角演员，李春生首当其冲地成为被打倒的对象。"文革"开始以后，临沂柳琴剧团一共揪出了五个"黑帮"，这五个"黑帮"都是剧团的业务骨干，都是舞台上不同行当的主要演员。李春生是"黑帮"中的重点人物，头上被扣上了"文艺黑线人物"、"三名三高"（名作家、名演员、名教授和高工资、高稿酬、高奖金的合称）演员，"坏分子"、"牛鬼蛇神"、"反革命"等一系列帽子。由于李春生会的戏多，又是剧团的主要演员，造反派就说他"会的戏多，唱的戏多，放的毒多"，戏不让他唱了，每天都抓起来进行批斗。

有一天，尹桂霞一到剧团的院子，一群围在一起七嘴八舌正议论啥的人看她来了，突然鸦雀无声了，并用一种异样的眼神看着她。她立即意识到不妙，造反派可能要对李春生下狠手了。于是她转身跑回家，对丈夫说："老李啊，这伙人可能又要整你了，快把棉袄穿上。"尹桂霞知道，要是挨批斗，躲是躲不过去的，穿上厚厚的棉袄，挨打时能少受点罪。话音刚落，一伙人就气势汹汹地冲了进来："尹桂霞，你竟敢给你的丈夫通风报信，你是想对抗无产阶级革命战士对牛鬼蛇神的批斗改造吗？"说完，一脚把李春生踹倒在地，"别着烧鸡"就把他押走了。

造反派押走丈夫以后，接着就开始抄家。一整箱的传统戏剧本被抄走了，家里的古籍被抄走了，李春生多年来写下了上百本演出日记被抄走了，尹桂霞夫妇以前演出时民间送的几十面锦旗被抄走了，工作学习中所得的奖章、奖状也被抄走了。造反派声称尹桂霞一家人在旧社会都是唱戏的，家里肯定藏着不少的金银财宝，结果这点让他们失望了，倒是让他们从尹桂霞的家中搜出了一本刘少奇同志的《论共产党员的修养》，这成了李春生的又一大罪证，李春生头上便多了一顶"反革命"的帽子。

李春生遭受着非人的折磨。造反派用"熬大鹰"的方式逼迫他交待问题；让李春生手脚着地像马一样的形状，背要平，成一条线，弯了斜了都要挨打，前面的胳膊弯了用棍子打胳膊，后面的腿弯了用棍子打腿。如果累得实在站不起来了，造反派就揪着他的头发往上拽，并用拳头捅肋部，用手掌扇耳光，经常打得嘴角鲜血直流，身上青一块紫一块，有几次被打得不能动弹，被人背着送回了家。看着丈夫遭受非人的折磨，尹桂霞心如刀绞。

李春生白天挨批斗，晚上还要写检查，一写就写到深夜，尹桂霞陪着他到深夜，一边回忆他们的演艺生涯，一边流泪，他们竟究想不明白，今日遭此大难，到底是因为啥？为人民群众唱戏难道错了？演艺水平高、唱得好，难道也错了？检查写得时间再长，也过不了造反派们的关，接下来的还是被打被折磨。

"文革"中，除了八个样板戏，其他一切传统戏曲都被诬为毒草、打入冷宫。临沂柳琴剧团所有的传统老戏都被禁止演出，剧团里唱的都是革命样板戏。李春生刚被揪出来批斗时，就不再让他唱主角了，但有时也会让他演一演群众演员之类的小角色。一次，剧团在演出一部样板戏时，让李春生在台上演了一位戴着手拷脚镣要被敌人枪毙的群众。结果李春生一上台，就被台下的观众认出来了："那不是李春生吗，很长时间不见他演戏了啊，他往台上一站就是不一样啊，有气场……"

接着台下响起了掌声。结果，气得造反派连群众演员也不让他演了。

挨批斗也不能不干工作，后来他们又安排李春生在乐队打锣。在舞台边上打锣也被观众发现引起骚动，以后锣也不让他打了。接下来，李春生就被关进了剧团的一间黑屋子里，每天只允许尹桂霞送点饭，但不让见面，门口站着两个人把守。为了能知道被关丈夫的状况，尹桂霞让四岁的小儿子爬在黑屋子的门缝往里看。孩子小，在门口玩耍，看守的人不会注意。屋里的李春生也看到了门外的小儿子，冲他笑了笑。小儿子撒腿往家里跑："妈妈，妈妈，我看见俺大大了，他朝我笑了，脸上长了很多胡子……"听了孩子的话，尹桂霞心酸，也稍感心安，毕竟丈夫还有微笑。

丈夫的处境越来越艰难，除了被关在黑屋子里，就是被带着纸糊的高帽子游街，然后拉到临沂剧院和南门外广场进行批斗。过去施展演艺才华的舞台，变成李春生"低头认罪"的地方。

刚开始挨批斗时，剧团还发给李春生一点生活费，半年以后，就把工资给停发了。

二、在困难的日子里

李春生被打成"黑帮"离开舞台，天天挨批斗，作为"黑帮"家属的尹桂霞日子同样难过，剧团革委会也让她靠边站了，别说是主角，就连配角也很少让她演。

《槐树庄》是一出改编的现代柳琴戏，剧情反映的是槐树庄的女共产党员郭大娘,在中国农村从土地改革到人民公社成立这一历史阶段的几次重大变革中,根据党指引的方向与各种困难做斗争,坚决走合作化道路的故事。在这出戏中,尹桂霞一直饰演主角郭大娘。李春生挨批斗后,造反派就不再让尹桂霞演郭大娘,这个主角让给了造反派的人来演,由于演员人手不够,开始让尹桂霞演了剧中的一个小角色老程婶子。这个角色在整个戏里有两小段唱。演主角的人不会唱,在台上戏份再多也不来好,而尹桂霞演的这个小配角刚唱两句台下就一片叫好声。有观众说:"主角唱了一晚上,不如尹桂霞这个配角出来唱一段。"尽管如此,最后配角也不让她演了,成了剧团打杂的一个闲人。对于一个演员来说,整治她最狠的招就是让她闲下来,让她远离舞台。有一次,剧团演《槐树庄》给省里文化部门来的领导看,这位领导以前看过尹桂霞主演的《槐树庄》,这次看完以后问剧团负责人:"尹桂霞呢?这出戏她唱得那么好怎么不让她演了?"

在那个非常年代,业务素质好又有什么用呢?唱得好的演员有很多,不是说打倒就打倒了吗?和丈夫整天戴着高帽挨批相比,尹桂霞是幸运的;而与"文革"期间全国各地那些被迫害致死的知名演员相比,李春生似乎也是幸运的。著名话剧演员、电影演员上官云珠,"文化大革命"期间遭到迫害,逼迫写交待材料。她搜肚刮肠,也实在写不出令"专案组"满意的材料。她在被酷刑折磨之后,跳楼自杀,终年48岁。中国黄梅戏演员严凤英,"文革"初期被以"三名三高"、"黑线人物"、"封资修代表"的罪名迫害后,愤而吞安眠药自杀,时年38岁……而李春生至少还活着,还有重新登上舞台的机会。

"文革"期间,由于惨遭迫害,尹桂霞两次哭瞎了眼睛。

李春生被打成"黑帮"关进黑屋子后,尹桂霞不但被剥夺了登台的机会,还处处挨骂受欺凌。造反派逼着她和儿子揭发李春生的反革命罪行,揭发他不为人知的事情,好将李春生彻底打倒、搞臭、永不得翻身。可丈夫除了热爱柳琴戏艺术,又能有什么不可告人的事情需要妻子去揭发呢?

可是不揭发却难以过关。儿子李华实在被逼无奈，向造反派揭发了父亲："俺大大收过农村业余剧团的白菜。"李华说的是实情。"文化大革命"之前，李春生经常到农村帮着业余柳琴剧团排戏，并给这些庄户剧团的演员们做辅导，但从未收过一分钱的报酬。那时生活都很贫穷，有个大队为了感谢李春生的付出，就硬给了几棵白菜。

想想丈夫受的苦，想想一家人跟着遭的罪，尹桂霞在外面压在心里，回家后便放声痛哭，一哭就是一宿，最后眼睛哭得看不见东西了，直到十多天后才慢慢恢复视力。

有一次，家里三个孩子都生病发高烧，尹桂霞实在拿不出抓药治病的钱。尹桂霞被逼无奈只好到剧团的一同事家借，可刚一张嘴，就被人家骂了出来。钱没借到，被辱骂了一顿，当时她死的心都有了。可家里还有孩子要照顾，丈夫没有了工资，一家人还要靠她来养活。她擦去眼泪，把一件一直舍不得穿的呢子大衣拿出去卖了，换钱给孩子治病。

那时，尹桂霞和孩子都活得没有半点尊严。剧团的一帮人一起聊天，她不懂事的孩子要是往人群边一站，就会招来一顿骂："滚，是你娘让你来探听消息的吗？"为了让丈夫少挨揍，少受罪，尹桂霞给造反派头子磕头，同样会遭喝斥："尹桂霞你要干什么？你这是向造反派示威吗？"一个"黑帮"家属，连磕头都没地儿磕。

尹桂霞当时的工资是51块钱，要养活一家五口人，剧团里别人涨工资，没有她的份。生活的艰难，遭受的屈辱，让这位从小就以舞台为伴的女子难以支撑。她吃不下饭，一天只能像吞药一样咽下半个馒头；她睡不着觉，整宿的失眠让她精神抑郁，几次想自杀。最后，还是剧团的一位好友反复开导她："桂霞啊，你可不能死了，你得活下来，为了孩子，为了这个家，你要是自杀了，批斗你们的人不仅高兴，还会给你扣上顶'畏罪自杀'的帽子。"经过开导，尹桂霞慢慢也就想开了，她坚持熬着，一百多斤的体重瘦到80斤，三十多岁的年纪看上去像五六十岁。丈夫李春生非常开明，虽然遭受了那么大的委屈，但他却一直安慰尹桂霞："是共产党把我从旧社会的一个穷苦孩子培养成一名演员和共产党员，我相信党，相信毛主席，相信党中央的政策会好起来的。"也正是这种信念，让李春生和尹桂霞一直坚持着，盼望着。

三、艺术世家的遭遇

十年"文革"浩劫，是中国文艺的大劫难，是艺术家们的大劫难。作为柳琴世家，尹桂霞整个家庭都受到迫害。

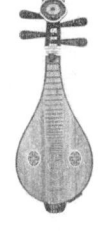

在临沂柳琴剧团，尹家人占据了大半个舞台，光是她们家里的人，就能演一出《红灯记》。尹桂霞饰演李奶奶，丈夫李春生饰演李玉和、弟弟尹传和饰演鸠山、妹妹尹桂云饰演铁梅……然而，"文革"中，尹家人全部成为造反派的打倒对象，被赶下了舞台，成了"牛鬼蛇神"。

由于李春生是业务团长，又是剧团的名角，是最受观众欢迎的演员，军代表和造反派一心要置他于死地，他们曾连续打报告到法院，申请法院逮捕李春生并枪毙。法院把报告打了回来，说"李春生是人民内部矛盾，不够逮捕的标准，更不够枪毙的标准。"见达不到目的，就把李春生五花大绑送到"文攻武卫"关押起来。当年被抓进"文攻武卫"的人非死即伤。进去便挨一顿毒打。尹桂霞每天去送饭，只准送地瓜干煎饼和咸菜。剧团批判"牛鬼蛇神"，要把李春生揪出来斗上一阵子；批判"文艺黑线"人物，也要把他揪出斗上一阵子；批判"八大组织""六大组织"黑后台同样也不会放过他……除了挨批斗，还要从事一些繁重的体力劳动。剧团里拉煤、盖房、打扫卫生、砸石子、运石头都归了他。李春生唱戏是主角，劳动改造也走在前面，和剧团的"牛鬼蛇神"们一起拉车，他是车把式，和"牛鬼蛇神"们一起割麦子，他打个小黑旗走在最前面……

丈夫被关押，尹桂霞作为"黑帮"妻子进了学习班，每天晚上要到学习班里接受教育改造，学到很晚才准许回家。在剧团只能低头思过，不准乱说乱动。有一次开会多说了一句话，造反派头子指着她的鼻子骂："尹桂霞你给我听好了，我不但要踩着你的肩膀往上爬，我还有踩着你的额头往上爬……"造反派叫嚣，不但要批斗李春生、尹桂霞，还要打击他们外围的外围，于是尹桂霞的弟弟尹传和被批斗了三天，她的大儿子李华又被批斗了三天。她的儿子想参军，体检各方面都合格，入伍通知书都发下来了，李华收拾好了东西第二天就要去部队，结果被造反派知道了，硬是列举了李春生的种种罪状，入伍通知书又被收了回去。李华谈了个对象，两人路过临沂剧院，听到里面人声鼎沸，进去一看，李春生正在台上挨批斗，吓得女孩立马和李华断绝了关系。

1969年，尹桂霞的长女李秋娟代表商业部门参加全市文艺汇演，被9626部队文艺宣传队相中，结果因为父亲政审没有通过，直到1970年，李秋娟才凭着过硬的文艺素质考入部队文工团，冲破重重阻力才成为一名文艺兵。但很长一段时间，李秋娟当兵的事一直是瞒着剧团和周边的熟人，她给家里写信也是先寄到其他地方再通过他人转到家里。

尹桂霞弟弟尹传舟的女儿受家族的熏陶，柳琴戏唱得好，扮相也好，报考临沂柳琴戏剧团，就因为受李春生的牵连，剧团坚决不要。最终还是枣庄柳琴戏剧团慧眼识才接纳了她，后来成了剧团的主演、当了团长，成长为国家一级演员、枣庄市柳琴戏非物质文化遗产传承人。

1971年，剧团到草埠办学习班，这次没让尹桂霞去，而是带走了李春生和儿子李华。这期间，郯城老家的一位近亲属来到临沂城里找到尹桂霞，告诉她："临沂这边通知俺大队接收你们全家，安五口人的户口。"当时李春生在草埠学习班上天天挨批斗写检查，一切都蒙在鼓里。尹桂霞立即赶到学习班找剧团领导问个究竟，剧团的造反派头子见瞒不住了，就直接挑明："你们全家尽快回到郯城老家去。"军代表和工宣队带着几个造反派来到尹桂霞家里，将李春生的棉被、脸盆等物品往外面扔。尹桂霞质

"文革"时期,尹桂霞和李春生都被迫离开戏曲舞台,图为李春生被下放到文物组修补文物

问:"你们整李春生,说是他犯了错误,可我和孩子又犯了什么错误,你们也要把我们娘几个往乡下撵?"军代表说:"你是黑帮家属。"军代表和工宣队、造反派一连三天赶他们全家回农村老家,一家人气得三天没吃没喝,就连家里喂的一只鹅也活活饿死了,走投无路的一家人再次抱头痛哭。

最后,李春生一个人被两名工宣队的人押着送回了老家张哨村。工宣队的人给张哨村党支部书记张则祥交待:"李春生是坏分子,要在村里好好接受劳动改造。"张则祥说:"李春生怎么就成坏人了?旧社会他一家那几个亲人被日本鬼子杀害,他从小就唱戏,唱得那么好,观众都喜欢,他要是坏人了你们就都是坏人。"最后,两名工宣队员被张则祥骂得灰溜溜地走了。

唱了一辈子戏的李春生被送回农村成了一个农民,尽管村里乡亲和村干部对他都很照顾,让他干些看瓜地之类的轻活,但他毕竟从小唱戏不会做农活,最终还是被尹桂霞接回家里,一家五口人,就全凭尹桂霞一个人的工资勉强度日。

直到1972年,李春生被安排到临沂地区文物组做清洗文物的工作,每天清理、修补一些瓶瓶罐罐,每月发20块的生活费。虽然工作苦,收入少,但毕竟能让他出来工作了,他干得很卖力。这也似乎意味着,尹桂霞一家的苦日子快要结束了。

四、地方戏曲元气大伤

"文革"十年,是尹桂霞离开柳琴戏舞台的十年,是她的艺术之树休眠的十年,是她的心灵饱受伤害的十年。而这种伤害并非发生在她一个人身上,也不仅发生在她的一个家庭,而是发生在整个中国的地方戏曲。

十年,在历史的长河中不算太长,但这一场浩劫,对中国文化的伤害非常严重。这期间,中国的地方戏曲可谓是元气大伤,而对那些造诣深厚、才华横溢的戏曲艺术家们更是伤害至深。临沂柳琴剧团是中国众多地方戏曲剧团的一个缩影,而尹桂霞、李春生夫妇的遭遇也正是那个时期优秀戏曲演员们的真实写照。

"文化大革命"期间盛行"阶级斗争"文艺,国内的戏剧创作不再是"百花齐放",而是"百花凋零",样板戏"一枝独秀"。在"文革"期间,传统戏曲作为"四旧"被禁演了。

1974年《人民日报》发表《进一步普及革命样板戏》的文艺短评,发出"大力提倡移植革命样板戏"的号召。一时之间,河北梆子、山东梆子、柳琴戏、评剧、豫剧等地方戏曲,纷纷踊跃移植"样板戏","样板戏"占据了各个地方戏曲舞台。临沂柳琴剧团的舞台上也毫不例外被清一色的样板戏占据。《四郎探母》等大量传统剧目、《海瑞罢官》等新编历史剧目都被作为"毒草"连根拔除。文艺舞台上百花凋零、万马齐喑,一片萧条残破的景象。占据戏剧舞台的,只有江青树立的现代京剧《红灯记》《沙家浜》《智取威虎山》《奇袭白虎团》《海港》,芭蕾舞剧《红色娘子军》《白毛女》和交响音乐《沙家浜》等八个所谓"样板戏"。文艺舞台"样板戏"一花独放百花凋零的局面,严重影响了中国文化艺术的存在和发展。

同许多戏曲品种一样,柳琴戏的兴盛期是在新中国成立前后这段时间,而在"文革"遭受重创。

在"破四旧"(旧思想、旧文化、旧风俗、旧习惯)的口号中,柳琴戏传统戏被禁,大量传统服装、道具、戏曲资料被视为封建残余而被烧毁。优秀的演员遭到批斗,尹桂霞等一批演员深受其害。当然,在全国大力普及样板戏的形势下,一些柳琴戏工作者为柳琴戏移植样板戏也做了大量工作。

样板戏一枝独秀,却让大量的柳琴戏剧目在观众的视野中消失。柳琴戏传承下来的几百出传统戏不少带有一定的封建迷信色彩,如旧时久婚不育要演求子戏,天气大旱要演求雨戏,驱赶害虫要演青苗戏,求神保佑要演还愿戏,等等。"文化大革命"期间,在破"四旧"的名义下,煽动红卫兵盲目焚烧古典书籍、全面禁止老戏,肆意践踏中国的传统文化,使中华民族几千年来的优秀文化遗产遭受到一次空前浩劫,造成了不可弥补的损失。

破除"四旧",大批文艺人士、知识分子、民主人士遭批斗(如吴晗、老舍等),有的甚至迫害致死(如京剧表演艺术家马连良、周信芳,画家潘天寿等)。文艺作品遭封杀,样板戏"一统天下"。正如尹桂霞的丈夫李春生那样,戏曲界诸多知名人士惨遭迫害,不少人被诬陷为"黑线代表人物"、"反党反社会主义分子"、"牛鬼蛇神",在对他们进行了多次"深揭、猛批、狠斗"后,有的被关进了"牛棚",有的被投入监狱。特别是"左"的思想越来越兴盛,导致在"文革"期间把一切传统戏都看成毒草,统统赶下舞台,对戏曲艺术造成了严重的毁坏。

可以说,"文革"让中国的地方戏曲伤了元气,观众断了层,这场运动给中国传统戏曲造成的创伤几乎是致命的。

第九章

苦尽甘来育桃李

第九章　苦尽甘来育桃李

1976年，是一个极其不平凡的一年。对于中国来说可谓灾难深重：中国三位伟人相继逝世、东北降陨石雨、唐山大地震，等等。这一年也是改变中国命运的一年，因为在这一年里结束了十年浩劫。

"文革"十年，戏曲艺术受到严重的破坏。进入新的历史时期，中国戏曲界对"百花齐放，推陈出新"的内涵有了更深入的理解。回顾"文革"前的认识，无论是对新与陈的关系，推陈与出新的关系，还是对具体作品的评价，都有许多狭隘、片面的地方。因此中国的文化艺术界对于传统更加重视，许多优秀的传统剧目和古典名著被挖掘出来，重新搬上舞台。

一、重返舞台的丈夫累倒在舞台

"老李啊，我从收音机上听到上海又演《十五贯》了，我感觉传统老戏要解禁了。"打倒"四人帮"后，天天关注新闻的尹桂霞很欣喜地对李春生说。

尹桂霞的感觉是正确的，拨乱反正，一些优秀的传统老戏又重现舞台。

没错，临沂柳琴剧团正在准备恢复传统老戏，第一个排练的老戏正是《十五贯》。剧团打算请李春生出山，饰演《十五贯》这出戏中的男一号况钟。

《十五贯》创作于清代，是清代朱素臣著名的传奇作品，该剧揭露批判了主观臆断和循规蹈矩的官僚作风，歌颂了实事求是的精神。原剧是昆曲代表性作品之一。其主要情节为：尤葫芦无本钱经营，为生计借来十五贯铜钱。因戏言称卖女儿所得，其继女苏戌娟一气之下离家出走。赌徒娄阿鼠赌场输得精光，回来路过尤家，为偷走十五贯钱，斗胆将尤杀死。外城伙计熊友兰为主人收来十五贯，路遇苏戌娟迷路，被众人误认为凶手，两人同押官府。知县不问青红皂白将两人判成死罪。苏州太守况钟是此案的监斩官，在复查此案中查觉罪证不实，决意为民请命，以官职担保，求得重审。为寻求真相，况亲临案发现场，他假扮算命人引娄阿鼠上钩，探得案情真相……这出戏之所以在社会上引起强烈反响，关键在于该剧深刻揭露了昏官玩忽职守、贪赃枉法、草菅人命的丑恶行径；着力颂扬了清官况钟重事实证据、扶正除邪、爱民如子的公仆形象。这是一部秉公执法，为民伸冤的经典之作。在以法治国的今天，《十五贯》仍具有穿越时空的深远影响和发人深省的现实意义。

1956年4月，《十五贯》晋京演出。4月17日，毛泽东在中南海怀仁堂观看演出，大为赞赏。第二天，他派人到剧团传达三条指示：第一，祝贺《十五贯》的改编和演出都非常成功；第二，要推广，凡适合演出的，都可以根据各剧种的特点演出；第三，对剧团要奖励。4月25日，《十五贯》在国务院直属机关礼堂演出，毛泽东又亲自去看了一次。周恩来也于4月19日观看了演出并接见了全体演职员，鼓励大家说："你们浙江做了一件好事。"5月17日，文化部和中国戏剧家协会联合邀请首都文化界知名人士200多人，在中南海紫光阁举行昆曲《十五贯》座谈会。周恩来亲自出席座谈会，作了约一个小时的长篇讲话。他把昆曲誉为江南兰花，并盛赞《十五贯》是"改编古典剧本的成功典型"，是"百花齐放，推陈出新"的榜样。从4月10日至5月27日，《十五贯》在北京公演47场，观众达7万人次。5月18日,《人民日报》发表了田汉执笔的题为《从"一出戏救活了一个剧种"谈起》的社论,把昆曲和《十五贯》推到了舆论的极点。同年,昆曲《十五贯》摄制成彩色戏曲艺术影片;此剧曾被诸多剧种广泛移植。

临沂柳琴剧团排演《十五贯》这出戏,同样是"文革"后传统老戏重返舞台的重要标志。移植、排演这出全国都有名望的戏,单靠目前柳琴剧团的演员阵容有一定困难。但是,"文革"前柳琴剧团挑大梁的演员,有的被那场"斗批改"折腾得改行了。为充实、加强柳琴剧团的业务力量,保证该剧的演出质量,临沂地区文化主管部门决定:把原柳琴戏剧团的台柱子、现在文物组里修补文物的李春生调回柳琴剧团。

一开始尹桂霞是想不通的,她不想让丈夫再回到曾让他痛不欲生的剧团,她怕揭开丈夫尚未愈合的伤疤。然而,李春生太喜欢唱戏了,太想念舞台了。他决定回剧团,只是怕自己十年没有登台,演不好戏了。他对尹桂霞这样说:"桂霞啊,我想回到舞台,做梦都想。你让我回去吧。我看看当今天剧团是不是真的重视柳琴戏艺术,如果他们不重视,对我不好,我自己离开,如果我演得不好,观众同样会撵我走。"

凭着对柳琴戏艺术的热爱,李春生又回到了剧团,并担当起《十五贯》男一号况钟的角色。

回到剧团后,仅仅用了十天时间,《十五贯》这出移植过来的柳琴戏就排练好了。

这十天,是尹桂霞陪丈夫一起度过的。十天紧张排练中,年过50的李春生一遍遍,一场场,由生到熟,逐渐进入角色,成为剧中人。台上认真排,台下刻苦练,回到家里,尹桂霞自觉地当起了丈夫的指导老师和观众评委。一个台步,一个手势,就连一个眼神,哪一点不合适,不符合况钟的人物性格,尹桂霞都及时指出来,与丈夫一起反复琢磨、练习,直到符合剧情要求为止。孩子们都睡着了,她依然陪着李春生练身段、动作。功夫不负有心人，排练后剧团接着卖票公演，舞台上，李春生把况钟刚正不阿、智勇双全、情义兼具、受民爱戴的清官形象，刻画得活灵活现，入木三分，恰到好处，再次名声大振，当之无愧又成了临沂柳琴剧团的台柱子。

　　李春生的复出，在整个临沂城引起了轰动。老百姓都奔走相告："李春生又出来演戏了！"结果，排队买票看戏的观众排成了两行，从临沂剧院一直排到医院门口。买票的人太多，剧院只好采取了"每个人最多只能买五张票"的限购措施。为了能够买到票看上李春生的戏，很多乡下来的拿着凉席、蓑衣连夜排队。剧院两个小时就卖出去一个星期的票。《十五贯》在临沂剧院一连演了三个月，场场爆满。

　　很难想像，当年观众对于一个柳琴戏演员会是那样的喜欢，观众看完李春生的戏都说："李春生虽然十年没唱戏了，嗓音还是那么动听，演技还是那么好，扮相一点都不老。"每场演出，李春生饰演的况钟到台上一亮相，全场立即响起经久不息的掌声。这种十年没有的场面，让台下的尹桂霞流下了热泪。

　　《十五贯》里的况钟没有B角，李春生一个人连演了三个月哑子都唱哑了，只好打青霉素消炎。紧接着，柳琴剧团又排了《秦香莲》《小二黑结婚》《孙悟空三打白骨精》，剧中的包公、二孔明、猪八戒这些戏份很重的角色都离不开李春生。下台后，他穿的戏服都能拧出水来。李春生对尹桂霞说："老尹啊，我身上流出来的汗都不咸了。"看到丈夫演戏累成这个样子，尹桂霞心疼又无奈。她心里清楚，丈夫憋了十年的劲要全部使出来，但最终，李春生还是累倒在舞台上。

　　"拨乱反正"以后，地方戏曲又进入繁荣期，临沂柳琴剧团除了在本地演出外，还被邀请去江苏新沂、郯城等地演出，每天演出两场。这些地方的观众听说李春生来了，都前来观看，场场爆满。尤其是在新沂剧场，他一出场，场下观众起立鼓掌。这对于一个戏曲演员来说，该是多高的褒

李春生（右一）在现代柳琴戏《魏隆民》的演出剧照

奖！此时的李春生已身染重疾，肝部时常疼痛，但他咬着牙坚持，一场戏都没耽误。

从外地演出回来，尹桂霞看丈夫已累得不成样子，就催着他去医院。但李春生刚接了排演新戏《一张药单》的任务，他坚持要演完这出戏再去医院。尹桂霞心疼他的身体，把戏词退回剧团好几回都不行，最后以"再演戏就跟你离婚"的话语相逼。

李春生说："老尹，你就让我演吧，我这一生啥也不会，就会唱戏，只要观众喜欢我，累死了总比被斗死了强啊！"

当演完《一张药单》，李春生被送到了医院。此时他已是肝癌晚期，看到诊断结果，尹桂霞忍不住痛哭起来。丈夫反而安慰她："老尹你哭啥啊，我这是老毛病，住几天院休息一下还能给观众唱戏。"作为一名演员，李春生时刻都想着观众，想着舞台。然而，1979年1月12日，住院刚一个月，李春生就带着"不能再为观众唱戏"的遗憾，走完了他53岁的人生之路。

李春生（右一）在现代柳琴戏《一张药单》中的剧照，这是他人生中演出的最后一出戏，正是在演出这部戏的时候他倒下了，再也没能起来。

二、从舞台到讲台

　　对于从小就唱戏的尹桂霞来说，柳琴戏艺术就是自己的生命。她几十年来练就了深厚的柳琴戏表演艺术。她坚决摒弃了老艺人"艺不外传"的保守思想，热衷于将祖辈留下来的宝贵的传统艺术传给后人。她深深地体会到，一个演员的成长，离不开老艺人的指导和培养。没有家父的亲授，没有丈夫李春生的辅导，没有李忠智老师的传戏，她会不了这么多的戏，也达不到现有的艺术水平，柳琴戏就是这样一辈一辈传下去的。

　　在临沂柳琴剧团，每当招了新学员，一般带女学员的任务就交给了尹桂霞。1957年，剧团招收第一批学员，一名叫范运桐的女学员成了尹桂霞的学生。第二批又带了沈芬、张红茹、任继美、刘冠芳、周艳梅等随团学员。尹桂霞传艺不保守，先从《借罗衣》《断桥》等这些打基础的戏教起。那时她还有演出任务，带学生完全是利用业余时间，也是没有任何的报酬，尹桂霞甘愿付出。她利用早晚的时间，看着学员练功，一句一句地教她们唱腔，一遍一遍地教她们表演动作。先后教会了她们几十出传统戏、新编历史戏和现代戏，直至能够独自登台演出了，才算是出师。这些学员后来都成为剧团的优秀演员，她们的成长，无不凝结着尹桂霞的心血和汗水。

"文革"的暴风骤雨结束后，中国的戏曲迎来了一片晴空。戏曲界又重新回到"百花齐放，推陈出新"的正确道路上来。"文革"中被诬陷和迫害的戏曲艺术家们得到了平反，优秀的传统剧目又恢复了演出，同时创作的新剧目纷纷涌现。戏曲百花园又迎来了新的春天。随着传统老戏重新回到舞台，戏曲走向繁荣，全国各地都十分重视戏曲人才的培养，纷纷设立了戏曲教育机构。

1976年，临沂地区行署文化局决定成立文艺班，以专门培养文艺人才，这个文艺班就是现在的国家级重点中等艺术学校——临沂艺术学校的前身。文艺班共分为四个科，分别是京剧科、柳琴戏科、豫剧科和舞蹈科。

1976年12月，文艺班开始面向临沂城乡招收学生，从几百人的报名者中，精挑细选了100名学生，分到这四个科中学习艺术。20名学生分到柳琴戏

被从柳琴剧团调到艺术学校从事柳琴教学时的尹桂霞

科，10名男生，10名女生。这20名柳琴戏科的学生中，就包括尹桂霞的小儿子李幼华和二女儿李宝沂，家庭的熏陶让孩子们从小就喜欢柳琴戏并极具天赋，从报考者中脱颖而出进入文艺班学习也便是顺理成章的事情。

尹桂霞被从柳琴戏剧团调到文艺班柳琴戏科，成为临沂历史上首批公办学校的柳琴戏学生的启蒙老师。正是这批学生，成为临沂柳琴戏剧团发展的中坚力量。如今的临沂市柳琴戏传承保护中心主任宋兆连、临沂柳琴戏剧团业务团长梁福生及团里的台柱子李素芳、刘桂红等，都是在这个柳琴戏科里培养出来的。

尽管尹桂霞不识简谱，但新中国成立后通过文化补习已达到中学文化程度，她能编能写唱词，根据剧情设计唱腔张嘴就来，教柳琴戏有着别人不能比的优势。正常的教学活动是教唱腔的就只教唱腔，教动作的就只教动作，教旦角的只教旦角，教小生的就只教小生。而这些，尹桂霞一个人就全包了，只要有一个琴师伴奏就行。

第一堂课，尹桂霞让这20名学生每人唱几句，不论是戏曲还是歌曲，唱啥都行。嗓音条件好不好，吐字清楚不清楚，哪个学生的可塑性强，她立马就心中有数。而对于这些先天条件参差不齐的学生，尹桂霞并没有持"对条件好的学生就多下功夫、对条件差的学生就忽视不理"的偏见，而是一视同仁。对条件差的学生，她反倒多下了很多功夫，后来的事实证明，她教出来的这些学生从学校走向舞台后个个都非常优秀。

她教学的特点是整个过程看不到乐谱，怎么唱全凭她的示范，一句句地教给学生。然后由懂乐谱的琴师将由她设计的唱腔记下来，就形成了一出完整的戏曲。柳琴戏《红云岗》《姊妹易嫁》等剧目的唱腔都是由尹桂霞设计，并一直流传至今。如今临沂艺术学校的柳琴戏教学中用的一些戏的唱腔，还是当年尹桂霞设计的。

尹桂霞根据剧情设计唱腔，欢喜有欢喜的调，悲苦有悲苦的调；几个字的词用什么韵子，哪句唱词用什么调子合适，尹桂霞就是这样一点一点把老辈艺人传承下来的最基本的东西,一点一点地教给学生们。

尹桂霞用了一年的时间给学生们打基础,她认为,只有基础扎实了,才能够成为一名好的演员。打基础就是教各种各样的唱段,哭调、喜调、苦调,起板、调板,再结合唱段所表现的剧情设计动作,让学生们跟着她学,男生与女生的唱腔、动作的教授都由她一个包揽。

在打基础的这一年中,除了教学生传统柳琴戏的经典唱段外,尹桂霞还从新编现代柳琴戏中精选一些唱段教给学生,如《龙江颂》《追谷种》《红云岗》《沙家浜》《向阳商店》《我在保定要过饭》等,这些唱段包含了所有柳琴戏最基本的酸甜苦辣的调子,有女腔,也有男腔。

经过一年的基础练习,学生们掌握了柳琴戏唱、念、做、打和手、眼、身、法、步这些最基本的表演程式。进入第二年,尹桂霞开始教学生整出的戏,先是教了《喝面叶》,接着又教了《姊妹易嫁》。由于基本功扎实,学生们排演整出戏就显得比较从容、得心应手了。

《喝面叶》与《姊妹易嫁》原本是吕剧,正是尹桂霞把这两出戏成功地改成了柳琴戏。《姊妹易嫁》的剧作者叫王慎斋,临沂南关人,原是一名教师,因为会写剧本,被调到了临沂柳琴剧团从事创作,创作了很多柳琴戏。"文革"期间被打成了右派,"拨乱反正"摘掉右派帽子的他又开始创作。在全省戏曲创作会期间,他创作了戏曲《姊妹易嫁》剧本,剧情大致为:素花、素梅是姊妹俩,素花自幼与牧童毛纪订婚,长大后,因嫌毛纪贫穷,竟在迎娶之日,不顾旧日情义,拒绝前去完婚。素梅激于义愤,并感毛纪忠诚,愿代姐出嫁。在上轿时,她知毛纪已得中状元。此时素花羞愧难当,后悔不已。结果这个剧本被山东省吕剧团相中,排成了吕剧。演出后深受观众喜爱,而且还在全国获了大奖。

1977年,在柳琴科教学的尹桂霞很想把《姊妹易嫁》改成柳琴戏,于是她就带了几名学生,一起来到济南,找到山东吕剧团的郎咸芬,从她手里要来了《姊妹易嫁》和《喝面叶》两个剧本,回到临沂后立即着手将这两出戏改编成了柳琴戏。所有唱腔都由她设计,由剧团里的琴师卢德存记谱。

尹桂霞精心给学生们排练这两出戏,汇报演出时立即引起轰动,领导和观众都没想到,一群学生能把柳琴戏唱得这么好。

三、口传心授,"老一套"并不过时

虽然与前辈老艺人相比,尹桂霞有一定的文化,但她从事柳琴戏教学后,完全是延续了柳琴戏传统的传承方式与教学方法,没有任何文字性的教材,没有固定的教学方式作参考,全是依靠她的口传心授。她通过口头的言传身教,每天对柳琴戏科的20名学生进行柳琴戏的技艺传授。其教学的侧重点完全是以授"技"为主,使学生们通过对她的直接模仿,熟练和掌握柳琴戏的基本唱法及一些剧目的基本表演形式。

她在课堂上传授技艺的同时,将自己的审美感悟和演艺心得,通过言传身教传授给学生,从而达到内心领会并外化演示二合一。

尹桂霞所教的这些柳琴戏科的学生都是小学毕业就招来的,四年学制,其中有两年是打基础。在教育过程中,由于戏曲演员要全面地掌握唱、念、坐、打各种技术技巧,尹桂霞从基础的拿顶、下腰、压腿、踢腿开始训练他们。在唱腔上,学生们从发出的第一个音起,就摹仿她的口形和气息,学习柳琴戏的发声及念白。

有了一定的基本功技术后,尹桂霞开始教授一些程式性的套路,如开门、关门、上楼、下楼、舞水袖等,这些程式的掌握,不是仅靠启发式教学能达到的,而是靠她一招一式教,学生一招一式学才能达到规范要求。

当学生们能全面地掌握各种程式套路和柳琴戏的基本唱腔后,尹桂霞就把一些唱腔的套路和动作组合在一起,由她说、学生学。

从尹桂霞在柳琴戏科的教学实践来看,"口传心授"是她唯一的教学手段。之所以说是唯一手段，是因为那时候没有任何关于柳琴戏的文字教材，每一出戏，每一段唱，都是通过她的言传身教，对学生们进行技艺传授。她教学以授"技"为主，让学生们通过直接模仿掌握戏曲"四功五法"。而"心授"则是她在为学生们传授技艺的同时，将自己的审美感悟和演艺心得，通过言传身教，传授给她的学生，使其达到内心领会并外化演示。比如"四功五法"（即唱、念、做、打和手、眼、身、法、步），是将生活自然形态通过美的原则予以提炼概括，使之成为节奏鲜明、格律严整的一种独特的表演技术格式。这些独特性的表演技术格式，都是有声、有形和具有动态性、表演性的。因此，在尹桂霞的教学实践中，都是她一句句地唱，学生一句句地学；她一个动作一个动作地做，学生一个动作一个动作地模仿学。这恐怕是很难以文字教材的形式，通过老师在讲台上讲定义、讲概念、学生做做笔记就能达到教学目的的。

尹桂霞说，教戏，除了有口头的说和唱，重要的是要有直接的肢体示范。

以师带徒是戏曲传承的老传统。柳琴戏走到今天，也是由一代代老艺人口传心授传承下来。这种传承传授的不仅是艺术，还有艺德。尹桂霞在艺术学校教首届柳琴戏学生，口传心授是她的主要教学方式，也就是旧艺人师傅带徒弟的传承方式。虽然在20世纪50年代以来，因为受意识形态的影响，口传心授曾一度成为研究者批判旧式戏曲教育弊端的靶子，并且在当今仍受到一些人的质疑，但是在戏曲界乃至整个演艺界，师徒之间的口传心授依然受到重视。

曾有这样一句戏谚："脖子后头来的不实授，口对口教的才实授"。尹桂霞不识简谱，教学过程中也没有什么教科书，她所传授给学生们的唱腔、唱词都装在她自己的肚子里，学生们扎扎实实、一句一句地接受、消化的，就是她的"口对口教"。这种口传心授，在柳琴戏的传承中是不可或缺的。

我国著名昆剧表演艺术家、上海昆剧院院长蔡正仁先生曾这样指出口传心授在戏曲传承中的地位："传承之重要就因为它是口传心授！是老师把自己几十年的经验、体会教给学生，使学生能'茅塞顿开'，避免走歪路，这些是录音、录像都无法解决的。老师教学生是手把手地教，无论是教的人，还是学的人都要下大功夫，才能把戏传下去。"[①] 蔡先生所说的这段话，也正是尹桂霞的切身体会。

柳琴戏作为中国传统地方戏曲，从它诞生之日起就长期在乡间庙会草台上演出，新中国成立前是没有文字形式的剧本的，大多数戏是通过口口相授传承下来的。尹桂霞的戏是从父亲尹作春那里一句一句学来的，而父亲的戏则是从她的爷爷尹成谭那里一句一句学来的，而在这种学习的过程中，也是对剧目、唱词、唱腔丰富完善的过程。

缺少文字剧本的年代造就了口传心授这种传承方式，是不是就意味着到了传播手段多样化、文字记载方便快捷的今天，口传心授就过时了，或是戏曲教学完全就用不着了呢？非也，因为戏曲的自身特点，决定了口传心授是戏曲传承的必然选择。戏曲是一种非物质的活态存在，是诉诸声音和舞台形象的视觉、听觉艺术。而戏曲的表演存在于活态的人身上，它以人的身体为载体，无论剧情还是人物形象，都必须依附于声音和肢体动作才能得以呈现。比如尹桂霞一生会唱上百出柳琴戏，是不是把她会的这些用文字的形式记载下来，拿到课堂上讲给学生就达到传承或是教学的目的了呢？回答当然是否定的。因为戏曲无论是传还是承，都必须以声音和肢体为手段，面对面进行现场的示范、模仿、练习、表演，才能实现教与学的目的。

再者，老艺人的表演经验也是一种活态的，比如演唱时的口法，每唱一字，如何出声、转声、收声，如何承上接下，这些都是靠长期的经验摸

[①] 陈春苗、古兆申整理：《昆曲的今天与明天：六大昆曲院团负责人访谈》，见郑培凯主编《口传心授与文化传承》，广西师范大学出版社 2006 年版，第 99 页。

索出来的，不是单凭文字记录下来就能达到传授的目的的，离开了口传心授，恐怕是难以完成教与学的。

不单单是口法，戏曲表演的手、眼、身、步、法皆是如此。这些演唱之法，根本就可能从活态的老艺人身上剥离下来，只能在师徒同时在场的情况下，通过口传心授来传承。

相对于过去文字剧本的缺少，现在让一个人学会一出戏或是一折戏的方法有很多，文字、曲谱、图片、唱碟、唱片、视频，都能够在学习戏曲方面都到辅助作用。有一副好嗓子，再有了剧本乐谱，是不是就意味着能够唱出好戏来呢？尹桂霞不这么认为，学习戏曲，只是有好嗓子还不行，你照着乐谱唱得再有板有眼，或是跟着视频影碟模仿得再惟妙惟肖，如果不经过老师口授，也未必能够唱出好戏，演好角色。这是因为一个学员只是照着谱子学唱或是跟着音像学唱，既唱不出味道，也唱不出感情。只有熟悉这出戏并理解了这出戏某个角色的老师把自己对角色的理解连同唱腔，一字一句、有板有眼地通过声腔和形体等师徒间的口耳相传，才能真正学会并唱好这出戏，演好戏中的角色。这也是由戏曲表演艺术的"活态性"所决定的。

尹桂霞在教授学员过程中全部是口授，她教给学生的不仅仅是定谱定板的唱腔，还有在字眼、节奏、口气等关键之处的点拨。她说这些点拨非常重要，因为很多都是她多年唱戏的心得，没有这些点拨，只是机械地教学生们唱，学生往往会学傻了，练僵了。

在退休以后的这些年里，尹桂霞还时常去临沂艺术学校和柳琴剧团，看学生学戏，看演员演出，有些她感觉唱得不到位的地方都要现场给学生或是演员特地纠正。她自己常说："我就像个卖烂桃的，心里的那点东西不能让它烂在肚子里，我得把它传下去。"

其实，尹桂霞传给学生们的不仅仅是唱腔，更多的是她在长期的演出实践中得出来的经验和体会，哪个地方需要点一下，哪些地方需要特地"卖"一下，哪里又可以"偷"一下，这些都是她口传心授的特点所在。在当今电子数字化被广泛应用的背景下，有些人习惯于跟着录音、录像学戏，但如果没有老师的面授指点，恐怕也只能学个"形"而难以学到"神"。正如著名相声大师侯宝林说过的一句话："学艺要有人指点，无师是行不通的"。① 尹桂霞就一直做着"指点"的那个人。

不论是柳琴戏还是其他戏曲，其表演艺术的活态性，使其在主观上不具备通过文本传承精髓的可能性。而戏曲"诀窍"的隐蔽性，则否定了无师自通的纯观摩方式的学戏，因此，不论是过去，还是将来，口传心授都是戏曲艺术传承的必然选择，不论到什么年代，这"老一套"都不过时。

正是在尹桂霞的"口传心授"下，她的孩子都成长为柳琴戏优秀演员。

她的大儿子李华是国家一级演员，曾任临沂市柳琴剧团业务团长，他不仅演技精湛，而且擅长唱腔设计。图为李华（右一）在新编柳琴戏《王祥卧鱼》中的演出剧照。

---

① 侯宝林：《我的自传》，北京出版社 1985 年版，第 245 页。

尹桂霞的大女儿李秋娟因为与柳琴戏结缘在十几岁时就被部队选拔去当了一名文艺兵,后在部队成长为一名师级干部;小女儿李宝沂是尹桂霞在艺校亲手教出来的学生,后来成为临沂柳琴剧团的一名优秀演员。图为李宝沂饰演穆桂英的剧照。

尹桂霞的小儿子李幼华也是她在艺术学校从事教学时柳琴科的学生。李幼华不仅唱腔、表演好,舞台功夫也十分了得。后来同他的哥哥姐姐一样,也成为柳琴戏剧团的一名优秀演员。只是有一次舞台演出做空翻动作时伤了腰部,使他不得不离开他所喜爱的柳琴戏舞台。离开舞台后的李幼华依然在艺术的道路上追寻着,他拜名家为师,苦学国画艺术,现已成为国内具有较高知名度和艺术造诣的国画家。图为李幼华15岁时在柳琴戏《杨宗保招亲》中饰演杨宗保的剧照。

第十章

尹桂霞的艺术特色

第十章 尹桂霞的艺术特色

尹桂霞出生在柳琴戏世家，从幼年学戏、登台，到年老退休，柳琴戏一直伴随着她。她几十年如一日，孜孜不倦地追求，锲而不舍地探索，历经风雨，探求不止，在柳琴戏的声腔、表演艺术上，不仅继承和吸收前辈拉魂腔艺人的精华，而且根据自己的嗓音特点和对舞台人物、剧情的理解加以创新，在长期的舞台实践中，逐渐形成了具有自身风格的艺术特点，为柳琴戏艺术的繁荣和发展积累了十分宝贵的财富，为这一地方戏曲的传承作出了卓越的贡献。

步入老年的尹桂霞仍然牵挂着柳琴戏的传承与发展。这张照片拍摄于 2016 年 3 月，时年 88 岁。

一、行当表演艺术

俗语说："钉鞋凭掌子，唱戏凭嗓子。"尹桂霞有一副天生的好嗓子，这是她唱戏的本钱。她还有一个先天的优势，就是出身于柳琴戏世家。爷爷、奶奶、父亲、母亲、叔叔、婶子都会唱柳琴戏,祖祖辈辈都靠卖艺为生,唱到哪里哪里是家。由于从小就跟随父亲四处唱戏,没有裹脚,使得她既能唱文戏,又能唱武戏。要说她在表演上的艺术特色,还在于她善于把握剧中人物的个性,通过用嗓发音、字韵处理、身段风格去展示所表演人物的个性特征。看过尹桂霞所演唱的柳琴戏的观众,无不对她所塑造的人物形象留下了深刻印象。如《樊梨花》中的樊梨花、《辕门斩子》中的穆桂英、《秦香莲》中的秦香莲、《挡马》中的杨八姐、《祝英台下山》中的祝英台、《四告》中的皮秀英。等等,这些由尹桂霞塑造的舞台形象,曾给热爱柳琴戏的戏迷们带来了如痴如醉的艺术享受,尹桂霞也由此深得观众们的认可和喜爱。

1. 英武妩媚、刚健婀娜的帅旦
——《樊梨花》中的樊梨花

尹桂霞的唱腔优美,委婉动听,同时她在演唱中还吸收其他戏曲的声腔优点,从而形成了自己独特的唱腔风格。

柳琴戏出身于叫做"拉魂腔"的地方小戏,比较偏重于歌舞,以唱为主,很少有武戏演出,即便有武戏也多采用文唱的表现方式。但尹桂霞吸取借鉴了许多剧种的套路和招式,按照自己对角色的理解,在表演上让武戏真的武起来,完善了柳琴戏唱、念、做、打的表演形式,将花旦和刀马旦集于一身,极大地丰富了柳琴戏的艺术表现形式。

按照柳琴戏行当的说法,像《樊梨花》中的樊梨花,《穆桂英挂帅》中的穆桂英,这些角色称之为刀马旦或帅旦。在戏曲行当中,诸如穆桂英之类的人物属于旦角的角色之一,称之为刀马旦。所谓"旦"指的是各种不同年龄与身份的女性角色。刀马旦专演巾帼英雄,提刀骑马,武艺高强,身份大多是元帅或大将,因此以气势见长,例如樊梨花、穆桂英等。刀马旦在表演上唱、念、做并重,虽也需要开打,但打斗场面不如武旦激烈,而是较重身段,强调人物威武稳重的气质。

因为受父亲和丈夫的熏陶和指教,尹桂霞既能唱文戏,也能演武戏。对于帅旦行当的理解把握,可圈可点的当属她演的《樊梨花》中樊梨花这个角色。

唐贞观年间,西凉叛乱,李世民御驾亲征,被敌帅苏宝同围困在锁阳城,主帅薛仁贵也被苏宝同所害,命在旦夕。薛仁贵之子薛丁山获知父亲遇难,参加了二路平乱大军,西去救父。一路上,薛丁山收服山贼窦一虎,大战苏宝同,最终将薛仁贵和李世民从锁阳城救出。李世民班师回朝,留下薛氏父子继续平乱。苏宝同搬来救兵并派出手下大将樊洪前去挑战。樊洪之女樊梨花对薛丁山一见钟情,不惜和家人反目,献关投薛。薛丁山却听信谗言,误以为樊梨花是杀父害兄的不义之人,将樊梨花赶出唐营。后来在程咬金等人的撮合帮助下,上演了"三休三请樊梨花"的动人故事。最终几经离合,薛丁山和樊梨花结为夫妻。

樊梨花是中国古代四大巾帼英雄之一。和花木兰、穆桂英、梁红玉相比,她身上的神话色彩似乎还要浓厚一些。《说唐》《薛家将》在讲到薛丁山征西的故事时,无一例外都要讲到这样一位富有叛逆精神并且敢于大胆追求理想爱情的古代女子。樊梨花顾全大局、聪慧勇敢、忠于爱情的艺术形象,经过民间的传说、说唱、演义等不断的再加工、再创作,愈加鲜明、丰满,广为流传,是中国巾帼英雄的典型形象。樊梨花智勇双全,美貌绝伦,其自嫁薛丁山为妻,协助薛丁山登坛挂帅、南征北战、所向披靡。在民间传说中,她是一个敢爱敢恨、胸怀宽广的大唐奇女,武艺高强、神通广大、文武全才的兵马大元帅。

《樊梨花》是一出大戏,能唱好其中的樊梨花,彰显出一个演员的功底。按照尹桂霞的理解,不同时期的樊梨花有着不同的性格特点,要通过演员的一招一式把它表现出来并且拿捏到位。比如归顺大唐之前的樊梨花是占山为王的山大王之女,她胆大、顽劣,不拘小节,是一个山野丫头的形象；而当她成为大唐的兵马大元帅后，如点兵之时的樊梨花，那就必须表现得稳重大气、英武果敢，浑身上下透出的是具有雄才大略的女将气质和风度。

柳琴戏的角色行当虽然有分工，但分得不是那么细，剧团里基本没有专业的武旦演员。像樊梨花这样的角色一般都是由尹桂霞这样的武功基础相对较好的旦角去演。为表现出樊梨花是一位融青衣、武旦、刀马旦于一身的人物，她在表演上参照京剧的表演程式和艺术表现手段并打破旦、生行当的界限，将小生、老生的一些台步、身段运用于樊梨花这一角色的表演之中，在柳琴戏的舞台上完美地呈现出一个寓妩媚于英武、寓婀娜于刚健的帅旦形象。

尹桂霞说，要想演好一个角色，就得充分了解这个角色，把握住角色的个性特征。樊梨花不仅美丽无双、武艺高强，而且还极有主见、头脑清醒。她认为，天下大势是唐王朝必一统西北，归唐是出路，所以她劝父兄弃寨归顺。同时，在刀光剑影的战场上，她沉着应战，但一旦中意于薛丁山，她毫不犹豫地以退为进，佯败至僻静处，与如意郎君订下了百年之盟。在大是大非面前，樊梨花不愧为女中豪杰；在解决个人问题上，她也一点不含糊，侠骨柔肠，性情中人，不失北方女子的大方与爽直。然而，好事多磨，一波三折的"三请樊梨花"，樊梨花一次次舍命相救，换来的却是薛丁山一次次羞辱休妻，樊梨花毕竟是与众不同的，虽受辱含冤，却顾全大局，以德报怨。她的形象是超常的、美丽的、深刻的，她所体现的正是中国妇女独立于世的精神。对剧情、对白、唱词的细化，使尹桂霞对樊梨花这个人物的了解逐渐深入，扎上背靠，尹桂霞就成了樊梨花。尹桂霞为樊梨花创造了在特定环境中的符合她的性格的舞蹈身段，显得刚柔并济，稳健豁达，落落大方，在端庄凝重之中，透出俊逸英武的气概。尹桂霞在塑造樊梨花这一形象中，不论从唱腔到表演的一招一式，都突破了原有的行当和程式，融汇青衣、刀马旦、武生等行当所长，成功地塑造了气宇轩昂、雍容大度、巾帼英雄樊梨花的艺术形象。

《三请樊梨花》中，樊梨花唱完了豪气十足的"巡营"之后，女兵们四下散开查看，樊梨花一个人对着夜色抒发了一下自己的情怀。在唱到最后两句"暗地里自怨自艾心不宁，每日里盼望西来人"，在舞台一角带着忧伤看着西边陷入沉思中。士兵们查哨完毕走过来，樊梨花警觉地用眼睛的余光左右看了两眼，迅速整理好自己的情绪，回到舞台中央，留给士兵们一个深沉的背影。

等到樊梨花转过身，士兵们看到的已经又是一个威严的统帅。在接下来命令守关老兵来见的时候，挥出一个有力的手势，又特意提高声调："传守关兵！"此时的尹桂霞做出有力的手势，并提高的声调，让樊梨花作为统帅应有的威严在士兵们心目中得到进一步确认。尹桂霞把樊梨花这种统帅的气质刻画得十分到位。

樊梨花有侠义、有傲骨但又柔情似水、深情无限，她的表演内蕴丰富、层次分明，既大气洒脱、超凡脱俗，又妩媚风流。尹桂霞在饰演樊梨花时，紧扣人物的内心世界，凸现真情实感，在唱腔上，浸润文化意蕴；在表演上，注入人性内涵，以达到浑然天成的艺术效果、细腻传神的艺术境界。她一出场就显得老练、生动、活泼、有戏。将樊梨花内心的爱憎矛盾，很细致地通过她的表演、唱腔如蚕吐丝、如日融雪地呈现出来，把樊梨花的内心世界，极为形象地展示在观众面前。她的唱腔有高有低，她的低沉和高昂都是围绕剧情发展的；她的表演有紧有松，能紧能松，她的紧张和弛缓，也是围绕剧情发展的；她的唱腔与动作无处不显得熟练，无处不感到自然。在刻画樊梨花这一人物性格上，有尹桂霞独到的绝妙和美质。

尹桂霞说，樊梨花这个角色属于武戏文唱，难度相对要大一些。比如她是武将，舞台上的动作多、幅度也大，既要平衡身体又要平衡呼吸。尹桂霞经过长时间的练习比较，在继承柳琴戏传统唱腔的基础上，通过探索，丰富了吐字、润腔的技巧性和表现力。她的文唱不是一潭死水，而是如瀑布、如清泉，既有高音激越、奔放之情，又有慢板典雅、秀丽之音，高低起伏、轻重缓急、甜润柔美等嗓音的运用都显得明晰顺达，松弛自如，给人以字正腔圆的艺术享受。

2. 活泼 细腻 典雅
——《梁山伯与祝英台》中的祝英台

《梁山伯与祝英台》是中国古代民间四大爱情故事之一，其他三个是《白蛇传》《孟姜女哭长城》《牛郎织女》。其中，梁祝的传说是中国最具魅力的口头传承艺术及国家级非物质文化遗产，也是唯一在世界上产生广泛影响的中国民间传说。自东晋始，在民间流传已有一千七百多年，可谓中国家喻户晓，影响深远，被誉为爱情的千古绝唱。从古到今，有无数人被梁山伯与祝英台的悲惨爱情所感染。

越州上虞县有一女子祝英台，喜欢吟读诗书，一心想外出求学，但是当时的女子不能在外抛头露面，于是就和丫头银心乔装成男子，前往越州城读书。二人在半途遇见了也要前往越州念书的鄞县书生梁山伯及书僮四九，梁山伯和祝英台二人一见如故，遂结伴同行，前往杭州。在杭州三年期间，梁山伯和祝英台形影不离，白天一同读书，晚上一室共寝，祝英台内心暗暗地爱慕梁山伯，但梁山伯个性憨直，始终不知道祝英台是个女的，更不知道她的心意。有一次清明节放假、二人去镜湖游玩的时候，祝英台借景物屡次向梁山伯暗示，可是梁山伯完全无法明白，甚至取笑祝英台把自己比喻成女子，最后祝英台只得直接地向梁山伯表示，梁山伯才恍然大悟。可是这件事全被在一旁偷看的马文才得知，马文才也知道祝英台原来是个女的了。后来家人写信催祝英台回家，临走前，祝英台留一封信告诉梁山伯"二八、三七、四六定"，意思是要梁山伯十天后去祝府提亲，但是梁山伯却以为是三个十天加在一起，所以一个月后才去提亲，等到梁山伯欢欢喜喜赶到祝家时，才知道马文才已经抢先一步提亲，并且下了聘礼，梁山伯只得心碎地离开，祝英台沿路相送、难舍难分。梁山伯回家后，相思病重，写信向祝英台要一些找不到、拿不到的药方，表示病情绝望了，同时希望祝英台能前来探望一番，祝英台则回信告诉梁山伯，今生无缘，只希望二人死后可以一起安葬在南山。后来梁山伯病逝，祝英台假意应允马家婚事，但是要求迎亲队伍必须从南山经过，并且让她下轿祭拜梁山伯。当祝英台下轿拜墓，一时之间风雨大作、阴风阵阵，梁山伯的坟墓竟然裂开，祝英台见状，奋不顾身地跳进去，坟墓马上又合起来。不久，便从坟墓里飞出一对形影相随的蝴蝶……

这个凄美的爱情故事，中国传统戏曲的很多剧种都有《梁山伯与祝英台》这出戏，柳琴戏也不例外。尹桂霞13岁就演祝英台，那时小，唱得都是《梁山伯与祝英台》里的折子戏，比如《跑山》《英台思春》《劝嫁》等，而到了1944年她16岁时演《梁山伯祝英台下山》里的祝英台时，正值青春年少的尹桂霞已经能够把握住祝英台的人物性格特点，巧妙地利用声腔、身段动作来表现祝英台这个人物形象。

人物的出场亮相是给观众的第一印象。传统戏曲的演法一般是人物在"九龙口"凝视敛息，以较长的停顿和富有雕塑感的造型，给观众一个鲜明的印象。"九龙口"属于戏曲术语，是戏曲舞台上的一个位置，距上场数步，是舞台上的一个点，这个点大约在舞台左三分之一与前三分之一的交叉点。这个位置观众看着最舒服，是演员上场后的亮相之处。

尹桂霞在人物出场时，一般会根据剧情需要和人物内在情感的蕴涵而出场，将人物的第一亮相作为人物特定生活过程中的一个环节，以此来表现人物在特定瞬间的神情变化、人物气质、思想活动。

柳琴戏《梁山伯祝英台下山》也叫《跑山》，属《梁山伯与祝英台》的折子戏。说的是祝英台接到家书要回到家中，为了安全起见，老师让梁山伯陪祝英台下山（老师知道祝英台是个女的）。《跑山》里的祝英台是女扮男妆，梁山伯并不知道她是女儿身，所以在这出折子戏中，尹桂霞饰演的祝英台是小生的妆扮，开场，女扮男妆的祝英台手摇折扇，尹桂霞所展把握的祝英台此时的心情是无比喜悦的，因此她是迈着轻快的步子进入台中。她的表情和台步传递给观众的是祝英台离开学堂，和梁山伯下山奔向自由天空的喜悦心情，也表现出祝英台对未来生活的美好憧憬与向往。

在中国长期的封建社会中，出现过许许多多为争取婚姻自由、追求个性解放的叛逆女性，有的胜利了，冲破重重阻力取得成功；有的失败了，以悲剧而告终。祝英台属于后者。她出身于一个富豪书香门第，生活环境、家庭教育使她从小就深受封建礼教的束缚。养在深闺的祝英台长大以后，渴望个性的解放，女扮男装外出求学就是她追求个性解放的最初表现。当她在求学过程中接触到了善良、忠厚、纯朴的梁山伯后，便对山伯产生了强烈的爱。但是，由于受封建礼教的束缚，同窗共读整三载，却不敢吐露自己的爱情。尹桂霞对祝英台这一人物的理解是，英台自负又天真，生性活泼开朗，容易接受新的事物，为求学她敢于女扮男妆；对于旧的婚姻观她有着反叛之心。掌握了人物个性，表演起来自然就有了落脚点。

前半场的祝英台是女扮男妆，尹桂霞将祝英台演出了十足的小生味儿来，这与她本身戏路子宽有很大的关系。登台亮相，尹桂霞扮演祝英台英俊洒脱，台步、声腔、小生的程式中规中矩，常赢得观众们的阵阵喝彩。

柳琴戏《梁山伯与祝英台》尽管剧情与其他剧种的《梁山伯与祝英台》一样，但唱词与表演都有柳琴戏剧种的个性，唱词有着浓郁的乡村气息，具有通俗、生动、形象、夸张、幽默、诙谐、风趣的特点。《跑山》一折戏中，一路上祝英台一直不断通过各种暗示来提醒梁山伯自己是个娇女子，但不管祝英台如何提醒，一身书呆子气的梁山伯却浑然不觉，祝英台是又气又恼，这样唱道：

出学堂，离学堂，

学堂外面影壁墙；

走一庄，又一庄，
庄上小狗叫汪汪；
不咬前面男子汉，
单咬后面女红妆。
骂声小狗瞎了眼，
不咬你爹来只咬你娘。

这一唱段，唱词很土气，但合乎观众的口味，接地气，这也是当年柳琴戏深受百姓喜爱的原因。尹桂霞的这段表演诙谐风趣，对梁山伯的愚钝有几分气恼，又包含着几多怜爱。她把一个女扮男妆、天生有着几分叛逆、情窦初开十分痴情的祝英台活脱脱地呈现给观众。

尹桂霞所塑造的祝英台这个角色最大的亮点和难度就是，同一个人物，前半部戏是男装，后半部戏是女装；同一个角色，表演上有着强烈的反差。尹桂霞在祝英台女扮男装的戏份里的表演，言行举止上极似男子，但却保留着细微的女性特色，有着小女子的身然情态，在小生的表演中糅合进适度的女性特色，以区别于梁山伯这位真正的小生。这样的表演，便符合了祝英台这一人物的真实身份，正可谓男装潇洒而不张扬，女装婉约而不甜腻。

在梁山伯前往祝家村寻访祝英台这场戏（"楼台会"）中，祝英台第一次以女妆面对梁山伯。祝英台怀着喜悦与矛盾的心情唱：

忽听家院一声禀，
梁兄来到祝家村。
有心不见情难忍，
只怕相见更伤心。
英台擦干腮边泪啊，

面带笑容迎客人。

尹桂霞通过她的表演,形象地表达了祝英台即将见到心上人时那种心中无限的甜蜜、百感交集、矜持和内心的矛盾。当两人相见之初,二人分别急切地呼唤着"梁兄在哪里""贤弟在哪里。"见面后两人短暂地相拥,而祝英台在接触到梁兄的那一瞬间又侧转身去将果断地将梁兄推开。这一推表现出祝英台既渴望冲破封建婚姻的枷锁与梁山伯在一起,又表现出那种女性特有的婉约羞涩和无奈。

对于祝英台这一角色的塑造,尹桂霞通过从唱腔到身段、表演,对这一人物的内心进行充分发掘,在长时间的舞台表演中不断进行揣摩、摸索,通过细腻的表演,将祝英台这个舞台形象尽可能完美准确地传达给观众。

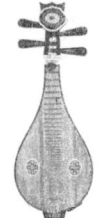

3. 心底善良单纯朴实,柔弱坚强外柔内刚
——《秦香莲》中的秦香莲

作为历史人物,秦香莲可谓是家喻户晓,妇儒皆知;关于秦香莲的故事老百姓也都耳熟能详。这样一个历史故事,中国地方戏曲剧种都有上演。

宋朝时代,有一个叫秦香莲的妇女,她的丈夫陈世美上京赶考,一去三年无音信。秦香莲在家里含辛茹苦,穷耕苦织,奉养公婆和抚育儿女。不料连年灾荒,公婆都饿死了。秦香莲草草埋葬了两个老人,然后带领着儿子和女儿,一路跋山涉水,沿途求乞,到京城(汴梁)来找寻自己的丈夫。秦香莲到京城的第一天,就从客店店主张元龙的口中打听到陈世美已经中了状元,并且被招为驸马。香莲听到这个消息以后,又喜又惊:喜的是丈夫的下落已明,惊的是陈世美做了驸马。第二天张元龙带着秦香莲母子三人到驸马府找陈世美,但陈世美却不让他们进府。后来,由于门官的帮助,秦香莲才闯进宫去。秦香莲见到了离别三年的丈夫。陈世美不肯收留香莲母子,要把他们撵出宫去。当时,秦香莲心中虽然很痛苦,但仍然向陈世美诉说家乡连遭灾荒和公婆双双饿死的不幸，希望陈世美能认下妻子儿女。面对着父母恩、夫妻情、儿女爱，陈世美也稍有感动。但当他想到了与皇姑成婚后的荣华富贵，便又狠心地把秦香莲母子赶出府去。秦香莲被赶出府后，在街上遇见了三朝元老、宰相王延龄朝罢回府，便拦轿控告陈世美。陈世美怕对自己不利，又派人追杀香莲及一对儿女英哥冬妹，企图灭口。开封府府尹包拯正从陈州放粮回来，一面让秦香莲去写状子，一面叫王朝去骗陈世美到开封府来。在公堂上，秦香莲理直气壮地控诉了陈世美忘却父母、不认妻儿、杀妻灭子三大罪状；包拯不顾国太与皇姑的阻止，喝令开斩。贪图荣华富贵，狠心杀妻灭子的陈世美终于死在铁面无私的包拯的龙头铡下。

在柳琴戏《秦香莲》中，尹桂霞扮演秦香莲的角色。秦香莲的故事是一个悲剧，按照尹桂霞的理解，《秦香莲》这出戏是苦情戏，秦香莲是一个苦命的村妇，她正直善良，丈夫外出赶考追求荣华富贵去了，她在家里侍奉公婆和一双儿女。但就是这位看似柔弱的村妇，也有其刚强的一面，面对丈夫的绝情她奋起抗争，不畏权势，最终让罪恶之人得到惩罚。

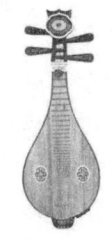

尹桂霞对秦香莲人物性格的把握也是十分精准到位的。整剧中，秦香莲的性格是随着剧情的变化而变化的，不论是唱腔还是表演，这种变化是有层次的。在层次变化中从而让秦香莲这个人物显得更加鲜活，更加生活化和人性化。

戏一开场，秦香莲牵扯着一双儿女走上舞台。尹桂霞用一句声音颤颤、腔调悲凄地"苦啊——"的念白，表达出秦香莲跋山涉水拖儿带女进京寻夫的一路艰辛。紧接着哀怨又无奈的唱道：

夫君一去三年久，
未有书信寄回头；
家乡荒年公婆死，

为寻夫君向京城。
一路上忍饥挨饿少宿处,
沿门乞讨令人羞。
最可怜英哥冬妹年幼小,
跋山涉水苦难受。
走一步,一声痛,
何日里,到京城,
夫妻父子同聚首……

尹桂霞在这一段的唱腔和表演,呈现给观众的是一个苦命怨妇形象,既有挨饿乞讨的无奈,又有对幼小儿女的怜爱,还有"何日里到京城"的近乎绝望的表达,同时还有"夫妻父子同聚会"的期盼,也正是这最后的一句期盼,支撑着秦香莲带着一双儿女一步一步往京城走。

同样是在第一场,当一双儿女喊饿并问何时能到京城见到爹爹时,秦香莲鼓励孩子:"早一天到京城就早一天见到爹爹,有吃的了也有喝的了。"这是给孩子鼓劲,也是给她自己鼓劲。尹桂霞此时的唱腔和表演是满怀欣喜和希望的:

拖儿带女往前赶,
但愿一家早团圆,
跋山涉水到东京……

尹桂霞对这一唱段的处理是喜悦和欢快的,这种喜悦与下一场见到陈世美而受到冷遇形成一种强烈的反差,更能让观众产生对陈世美这个负心汉的憎恨和对秦香莲的怜悯。

在"闯宫"一场戏中,陈世美不见秦香莲,让门官拿来十两纹银打发她带着孩子快走。"我千里到此,岂为这一锭银两?!"此时尹桂霞所展现的秦香莲一改前面的柔弱无奈,表现出一种刚强倔强、不卑不亢,这才让后面的"闯宫"行为顺理成章。

但见到陈世美时,秦香莲悲切切地又饱含深情地喊了一声:"夫啊!""我是你的香莲,你你你怎么就不认识了?"这两句念白,尹桂霞从闯宫时的刚强,一下子又回到了柔弱的本性。"夫啊!"是饱含着真情的。"你你你怎么就不认识了?",其语调有惊讶,也有质问和埋怨。当陈世美对妻女表现出冷漠并说"你不该来"时面对绝情的丈夫,秦香莲希望用诉说三年来的往事以打动陈世美的心,让他回心转意。

你只顾,身居高官享福禄,
哪知家里多变故。
你忘了,三年之前赶考时,
千言万语叮嘱时。
为妻在家侍公婆,
不用你夫君多叮嘱。
你离家乡到京都,
自己心里要有数……

秦香莲的这一唱段,尹桂霞一字一泪,唱得如泣如诉。在颤抖的悲音中,把秦香莲内心的悲痛和多年来的屈辱一下子宣泄出来,通过唱腔、表情、动作把秦香莲温柔善良和忍辱负重的心境展现出来。

而在"铡美"一场戏里,尹桂霞所塑造的秦香莲已从一名心地善良的"怨妇"变为誓为负心汉斗争到底的"复仇女"。在公堂之上,当着包公的面与陈世美对质,唱道:

无情贼子丧天良，
香莲我怒火满胸膛；
陈世美，你另招驸马弃糟糠，
贪图富贵欺君王；
陈世美，你图荣华不顾家，
活活饿死亲爹娘，
陈世美，你杀妻灭子无人道，
更比豺狼毒心肠……

在这个唱段里，尹桂霞一改前面哀诉、悲凄、轻柔、舒缓的唱腔语调，而是用急促的唱腔节奏、悲愤的情绪来控诉，与前面的秦香莲相比较，完全是变了一个人，展露出这位原本柔弱的村妇刚强的一面。

而当面对国太专横，包公很无奈地拿出银子打发她带着儿女回家园时，此时秦香莲表现出一种愕然，心灰意冷地唱道：

人言包公是清官，
却原来官官相护有牵连；
大人的银两我不要，
屈死我香莲不喊冤……

这一唱段，尹桂霞处理得是"柔中带刚"，既有认命的那种无奈，又有对"官官相护"的声讨，还有心中的不屈服。可以说，秦香莲此时所传递的情绪对于包公来说是一种"激将法"，也正是这一激，才让包公发下了"天塌下来我承担"的誓愿，摘下乌纱帽、脱下莽袍怒铡陈世美的决心。

尹桂霞塑造秦香莲这个人物，完全是发自内心的真情实感，她能够紧紧抓住剧中人物在剧情发展中跳动的脉搏，灵活地运用声腔、身段表演，以形传神,以情动人,秦香莲善良的本性、无私的母爱以及面对邪恶的刚强与不屈淋漓尽致地表现了出来。

4. 英姿飒爽 豪迈刚毅
——《穆桂英下山》《破洪州》里的穆桂英

穆桂英是一位家喻户晓的历史人物,是中国四大巾帼英雄之一。穆桂英原为穆柯寨穆羽之女,武艺超群,机智勇敢,传说有神女传授神箭飞刀之术。因阵前与杨宗保交战,穆桂英生擒宗保并招之成亲,归于杨家将之列,为杨门女将中的杰出人物。穆桂英与杨家将一起征战卫国,屡建战功。佘太君(佘赛花)百岁挂帅,率十二寡妇西征,穆桂英五十岁尤挂先锋印,深入险境,力战番将,大获全胜。

用穆桂英的故事改编的地方戏曲有很多,仅尹桂霞唱过的关于穆桂英的柳琴戏就有《穆桂英下山》《穆桂英下西祁》《大破孟州》《辕门斩子》《破洪州》等。在这些戏里面,尹桂霞都演穆桂英这一角色,可以说,对于穆桂英这个人物,尹桂霞可谓熟烂于心。

按照尹桂霞的理解,穆桂英的个性、气质与樊梨花、花木兰有着很多相似之处。她们都是女中豪杰,既有男人般的豪迈与大气,也不失女人的脉脉柔情。穆桂英年纪轻轻,就敢自作主张,挑选自己的丈夫,就敢于冲破封建礼制等框框的限制。作为一个刚过门的媳妇,为了国家社稷,她就敢挑大梁,挂帅大破天门阵;丈夫杨宗保不服从她的军令,她铁面无私打了丈夫的军棍,可晚上回帐,仍是柔情脉脉,尽到做妻子的义务。就是这样一个好女人,柔中有刚,刚中见柔;她永远保持青春活力,人到中年还跨马出征,风韵不减当年。虽然是女人,但她豁然大度;对于朝廷,她没有像当年老令公和杨六郎那样逆来顺受、负辱忍耻的行为,但一旦国家需要,立刻放弃个人恩怨,率兵出征。她每临战阵,身先士卒,奋勇杀敌,最后战死沙场,为国捐躯。由于对穆桂英的人物特性有了精准的把握,在每一折穆桂英的戏里，尹桂霞的表演都能够走进人物的内心深处，淋漓尽致地展现穆桂英女性的柔美和英雄的壮美。

柳琴戏《穆桂英下山》也叫《穆柯寨》，呈现的剧情是：穆桂英占山为王的山寨叫做穆柯寨，寨里有一种神奇的树，叫降龙木，六郎杨延昭数战金兀术而不能取胜，挂出免战牌，无可奈何之际高人指点，非降龙木不可。于是派出杨宗保到穆柯寨去讨降龙木。要取降龙木自然要过穆桂英这一关，杨宗保与穆桂英打了几个回合不但没有得胜取得降龙木，反而被穆桂英生擒。穆桂英见杨宗保生得眉清目秀，齿白唇红，堂堂一表人才，好一个英俊男儿，不忍心加害于他，顿生爱慕之心，便提出成亲条件。当得知宋金两国交战急需降龙木的实情时，为民族大义，穆桂英献出降龙木，六郎杨延昭答应阵前成亲，穆桂英杨宗保喜结良缘。

在《穆桂英下山》这出戏中，尹桂霞所塑造的是一个年轻的、充满朝气的山野女孩儿，她大胆、任性、武艺高强，不谙世事，却明大义，识大体，懂道理，有情义，她独自一人撑起一片天，成了女"山大王"，由此可见，这不是一个一般的女子。尹桂霞扮演的穆桂英在出现在演武场上，一身戎装，英气逼人，动作干净利索，还着几分野性和狂妄，帅气之中透出一股霸气，因为此时的穆桂英还是个女匪。从这段唱词中便可窥视穆桂英的心态：

  穆桂英见大旗明标大宋，
  俺不是金丹圣母她的门生，
  宋朝里杨延昭有名上将，
  他的儿杨宗保皇门外甥。
  他上那五台山搬兵求援，
  行走着路过俺乱石山中。
  我写上，

什么为棋什么为子,
什么为琵琶什么为弦。
什么人摆棋什么人下,
什么人定弦什么人弹。
天为棋盘星为子,
地为琵琶路为弦。
南朔摆棋北斗下,
佛祖定琴俺敢弹。
上写着,
寨是穆柯寨,
山是乱石山。
宋朝杨宗保,
五台把兵搬。
敌着我刀弓马,
下马成姻缘;
敌不住刀弓马,
割尔的人头挂高杆。

尹桂霞这一段的演唱,展现的是一个傲气十足的穆桂英,也正是她的这种根本不把杨宗保看在眼里的傲气,激得杨宗保愤而砍了穆柯寨的旗杆,与她展开了一番打斗,结果还真的是没有敌住穆桂英的刀弓马,被生擒,既显出她过人的本事,又表现了她性格中淘气顽皮的一面,甚是可爱。不过穆桂英也并未"砍了他的头挂在旗杆上",同样是与他成就了好姻缘。

如果这出戏中尹桂霞所表现的主要是穆桂英作为山大王的粗野狂妄的一面,那么在《破洪州》等戏中所塑造的穆桂英形象,则是美丽聪明、勇敢坚定。穆桂英在两军阵前是英武的女帅,但回到帐内尤其是面对丈夫杨宗保，就是一位普通的女子，而且骂起丈夫来也是毫不留情，尹桂霞在剧情转换对人物的塑造上拿捏得十分到位。

《破洪州》中有这样一段，穆桂英怀着身孕披挂上阵，两军阵前被白天左打了一棍，负伤后败下阵来，挂了免战牌，这一棍打得她马上要生了。

回到帐内，与丈夫杨宗保有这样一段对唱：

杨宗保："问元帅你得的是什么之病
　　　　快快地到大街去请先生。"

穆桂英："要问我得的是什么之病，
　　　　俺两个红罗帐那场恩情。"

杨宗保："平安年在家里不生不养，
　　　　来到了洪州地要生儿童；
　　　　杨宗保在大帐把脚来跺，
　　　　你紧一紧裤腰带另天再生。"

杨宗保的意思是："哦，平时在家的时候你不生，到了两军阵前来你却要生孩子，这不是耽误打仗嘛！你把裤腰带给我紧紧，等打完了仗再生不迟。"也许京剧等剧种不可以有这样的唱词，但柳琴戏的特点就是如此，语言不失诙谐，十分接地气，再大的戏，都能唱得跟百姓的家长里短一样。

杨宗保的这番话一出，把穆桂英气得不轻。尹桂霞在表演上从刚才的娇滴滴柔声细语，即变得一家庭悍妇。穆桂英平时"凶"丈夫就跟"凶"儿一样，怎受得了他这般说？于是开骂：

穆桂英："骂一声杨宗保欺人太甚，

你的娘她生你什么时辰?

叫人来小门官押出帐外,

慈香女小妹妹多叫几声,

叫妹妹快快地搀扶于我,

到后帐与嫂嫂前来接生。

这场戏,不仅仅是展现了穆桂英虽怀有身孕仍然挂帅出征、巾帼不让须眉的女英雄形象,也充满着她与杨宗保两个小夫妻之间的生活情趣,展现了穆桂英不为人知的生活中的一面。尹桂霞在这一段的处理上,从开始的骂丈夫的怒气冲天,以至于唤人来把杨宗保押出了帐外,随后怒气消除,又变得柔声细语地唤来香女,要求快扶她进账内生孩子。对于穆桂英的人物性格,可以说是融入了尹桂霞的内心,所以她在舞台上的一招一式、一怒一笑,都能够准确地表达人物的情感,与观众产生共鸣。

5. 温柔中蕴含刚毅,秀美中透视端庄
——《机房教子》中的秦雪梅

在中国的戏曲舞台上,秦雪梅是一个不畏权贵、忠贞爱情、知书达理的女性形象。她是一个温和善良、对爱情忠贞不渝的姑娘。与此同时她也是一个性格倔强、敢于斗争、敢于向封建礼教反抗的女子。在她的爱情法则里,无论感情出现何种变故,她对爱情的态度始终是矢志不渝。秦商两家世代友好,雪梅与商林自幼订婚,两小无猜,青梅竹马,其感情是纯真的、自然的、美好的、无邪的。而随着年龄的增长,碍于封建礼教的束缚,他俩见面反倒难了。后来商林的父亲遭人陷害身陷囹圄。秦雪梅的父亲便阻止雪梅嫁给商林。商林离开秦府,回到家,气恼和思恋使他得了重病。秦父偷梁换柱,逼丫环秋莲顶替雪梅到商府冲喜。等拜了天地,入了洞房,商林方知真相,恼羞成怒,口吐鲜血,气绝而亡。商林去世后,秦

雪梅还是嫁到商家，扶养商林与艾玉生下的孩子罗儿（有些戏中叫路儿）。有关秦雪梅的戏有很多，如《秦雪梅吊孝》《秦雪梅教子》等。

尹桂霞唱的柳琴戏《机房教子》，有的剧种叫《雪梅教子》或叫《断机教子》，剧情表达的都是一个事。秦雪梅为亡夫商林守寡，抚育其子罗儿。罗儿懵懂无知，荒废学业，雪梅恨铁不成钢，加以责打，反遭罗儿的顶撞与公爹的恶言相向，一气之下，举刀剪断机杼上辛苦织好的布匹。雪梅伤心透顶，万念俱灰下，突然想起亡夫商林，只得转身擦干眼泪，用"机头断，费了前功"、"玉不琢，不成器"、"逆水行舟，不进则退"等典故，教育罗儿奋发图强，勤攻苦读。在秦雪梅的谆谆教诲下，罗儿学有所成，得中头名状元。从此，秦雪梅名垂千古，成为天下教子的典范。

尹桂霞演唱的《机房教子》与其他剧种相比，尽管剧情一样，但唱词都有所区别。

比如河北的地方戏武安落子也有这出戏，名叫《秦雪梅训子》，这出戏里，秦雪梅这样唱道：

草发芽柳发青严冬已过，
蝴蝶儿双飞舞共欢同乐，
商郎夫下世早撇下了我，
秦雪梅进商府喜少愁多。
二公婆没穿戴都来找我，
小路儿下学回要吃讨喝。
上有老下有小指望我一个，
日日忧夜夜愁能对谁说。

而尹桂霞在《机房教子》中的秦雪梅开场一段是这样唱的：

大明天子振华裔,
洪武爷开宴立地基,
刘伯温造就十三省,
一定靠孙的大明律。
老徐达挂一块元帅印,
一杆长枪谁能敌。
鄱阳湖大战陈有亮,
才一才三打彩世界,
洪武爷南京城里坐了殿,
在商家闪撒雪梅我守寡居。
我只想过得门来把他埋,
没曾想进门我就穿上孝衣。
进门来俺就没见着商郎的面,
俺守他老老少少过日子。
艾玉她书房以里生一子,
俺给他起名叫小罗儿……

第十章 尹桂霞的艺术特色

与武安落子的那段唱相比,尹桂霞的这段唱词更能体现秦雪梅的人物个性,更能说明她不是一般的家庭妇女,而是满腹才学、知书达礼的大家闺秀。武安落子的那段唱只是表达了秦雪梅心中的苦楚和她生活的艰辛,像是一个怨妇,而尹桂霞的这段唱虽然也说出了秦雪梅照顾公婆及儿子的忙碌,但也展示了秦雪梅这个人物的才华,这样的交待为后来她教子做了很好的铺垫。

当得知儿子罗儿在学堂打了蔡青,还摔了他的砚台,榷了他的笔,秦雪梅心生对罗儿的气愤,并对蔡青进行安抚,拿好吃的给他吃,还拿出二百大钱给他做赔偿。此时,尹桂霞表演中尽显秦雪梅女性的温柔,处处传递着一种母爱。

当罗儿回家后,面对不争气的儿子,她立即换了一副面孔,冷冷地喝令罗儿跪下,紧接着是这样愤愤地一段唱:

机房里见罗儿不由我肝胆气坏,
骂一声小罗儿你蠢笨奴才;
大清晨大娘我差你学堂去奔,
小奴才你不读书将人打摔,
小罗儿今日就在机房跪拜,
你听为娘有几笔少年古必讲出……

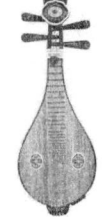

前面这段唱尹桂霞用一种急促的节奏,愤愤的表演,接下来的唱是讲述古人中少年英雄的故事,用来激励教育罗儿。

小秦英整七岁征过西帅,
人称他只有十三岁,
一匹马一根枪全仗打开;
小哪吒三岁时他闹过东海,
抽龙筋扒龙皮他带将回来;
三国里周公瑾名扬四海,
整七岁学刀法人称将才;
十二岁他只把帅台来拜,
在东吴人称他水兵元帅……

这一段唱,尹桂霞从最初的激愤,变得情绪平稳,娓娓道来。从秦英到哪吒,从周公瑾到秦甘罗,都是少年有所建树的历史人物。唱完了这些历史名人，尹桂霞的表演又转向对罗儿不争气的气愤之中，决意要打罗儿：

我打了吧，打了好，
一心要打小顽孩；
有一个梭板拿在手，
要打罗儿小奴才。
小奴才好比一小舟，
一棠下去快点抽，
要是哪一棠抽乱了，
你功名落在人后头。
我打你三更灯花五更鸡，
正是男儿立志时；
这少年不知勤学苦，
你老来发奋后悔迟。
我打了吧，打了好，
要打罗儿你小东西，
雪梅说罢只把奴才打……

这段说教式的唱，尹桂霞融入了母亲那种"恨铁不成钢"的情绪。正是有了对人物的理解，才在表演上心里有底。她把唱腔和身段表演有机地结合起来，用真情打动观众。她从人物出发，从性格入手，以声唱情，声情并茂。尹桂霞对于秦雪梅这一角色的表演，不卖弄，不浮华，质朴平实，内心充满激情，温柔中蕴含刚毅，秀美中透视端庄，心劲与内功高度和谐，达到了"演人演心，唱戏唱情"的艺术境界。

6. 俏丽机灵 刚柔相济
——《挡马》中的杨八姐

《挡马》一剧是一出非常有名的折子戏，不仅仅是柳琴戏，京剧、豫剧等其他剧种都有这出戏，有的剧种也叫《拦马》，尽管剧名不同，但剧情都是一样的，说的是"杨家将里的杨八姐与焦光普"的故事。

《挡马》源于清代钱德苍《缀白裘》十二编本第十一编"花部"专集，是清代地方戏中独创的杨家将剧目，以武打取胜。剧情大致是，在宋代，宋将焦光普流落辽邦，开设了一个小酒店栖身，焦光普欲伺机返回宋营。有一天，他看见一位辽将来店，身带腰牌，焦欲盗牌出关，遂拦马接待入店饮酒。而这位辽将正是女扮男装的杨八姐。原来，杨八姐带兵巡哨时，抓获了一名番将，从那番将身上搜出一块腰牌。这腰牌是番人进出边境关口的凭证，有了它就可以毫不费力地进入番邦境内了。于是杨八姐装扮成一名番邦小将，只身一人直奔北国。有腰牌做掩护，她十分顺利地进入了番邦境内。她来到边境一个叫柳叶镇的地方。正要穿镇而过，镇口一个店家打扮的人上前拦住了她的马头。拦马之人正是焦光普。后来焦光普发觉来将系女扮男装，杨八姐亦发觉焦欲盗其腰牌。二人一番厮杀，焦说出自己乃杨家将焦光普，来将亦表明自己是杨八姐乔扮，于是一同出关归家。

柳琴戏的《挡马》是一出对于演员的武功要求相对较高的戏，尹桂霞在戏中饰演的杨八姐属于文武花旦，因为她有从小练就是的武功的底子，所以演杨八姐这一角色可谓是得心应手。

剧情中，杨八姐一出场是女扮男装，此时，这一角色还兼有文武小生的表演因素，尹桂霞所塑造的杨八姐英姿勃发，身段灵巧；开场是一阵紧凑的"急急风"，瞬间打出了武戏的气氛。尹桂霞扮演的杨八姐足穿高靴，手持马鞭，一个圆场后在台中央亮相，英俊中透出一股帅气，矫健中蕴含几分娇媚。唱道：

杨八姐，离京来，

桃花马儿踏长街，

马飞四蹄跑得快。

走到城，闯过关，

俺面不敢把头抬，

八姐本是乔装改……

尹桂霞边舞边唱，唱得流畅自然，嗓音圆润动听，表演气度不凡。与焦光普相遇后，在焦光普面前，尹桂霞所表演的杨八霞完全是武生的身段和动作，充分表现出武生的刚。但在首次出场和内心独白的表演和演唱中，却显露出一个女子的柔。整个表演尹桂霞把杨八姐这个角色塑造得刚柔并济，念白的时候，也是大小嗓结合。而当焦光普与杨八姐都相互认出了真实身份后。尹桂霞在表演上便完全恢复了旦角的道白、台步和身段，温柔细腻，千娇百媚。

二、"戏篓子"是怎么炼成的

尹桂霞从幼时随父亲学戏，至年老离开柳琴戏舞台，唱了多少出戏、演了多少种角色，连她自己也数算不过来。尹桂霞的戏曲人生最大的特点就是会的戏多，演的角色多，可谓"能文能武，亦花亦叶"。一出戏中，每一个角色的戏她都会，都能教；主角能演，配角会唱，成为柳琴戏界有名的"戏篓子"。

尹桂霞被人称之为"戏篓子"可谓名不虚传。这"戏篓子"之名也非凭空而来，包含了尹桂霞为柳琴戏一生付出的无数辛勤汗水。

尹桂霞之所以会唱的戏多，主要有以下几个方面的原因。

1. 旧社会戏曲艺人的生活所迫

在旧社会,劳动人民社会地位低下,而戏曲艺人的社会地位更是卑贱。戏曲艺人靠卖艺糊口,浪迹江湖,属于"江湖人"。尹桂霞出生于1928年,从她六岁学艺并登台演出到她20岁成为拉魂腔的"角儿",过的都是旧社会艺人的流浪生活。旧社会的艺人刻苦学戏,都是被生活逼出来的。

过去办戏曲科班称为"打戏"。所谓"打戏",是说"学戏的孩子,能学会戏,是靠班主或师傅打出来的"。在旧社会,师傅带徒弟往往是采用打的手段,强迫徒弟强化记忆,在几个月里学会多少出戏。记不住要打,动作不标准要打……为此,学徒会尽最大努力在一定时间内尽可能多地学几出戏,以满足早日登台演出的要求。因为一旦能够演出,徒弟便可自给自足,边演出边跟着师傅学习。演出的收入,除了支付自己最基本并极粗劣的衣食外,其余全归班主或者是师傅所有。尹桂霞学戏是家传,从小就跟着"尹家班"走江湖,父亲尹作春手把手地教她学戏,目的同样是女儿能有一身谋生的技艺,能够早日登台赚份子钱,以减轻家里生活的负担。尽管尹桂霞没有像其他的学徒那样挨师傅的打,但父亲对她学戏的要求同样严厉。不过幼时的尹桂霞天资聪颖,父亲教给她每一出戏的唱词,她都能在较短的时间内记住,而且是整出戏的每一个角色的唱词、唱腔、念白她都能学会。再者,由于受家庭的熏陶,尹桂霞对学戏有着天然的兴趣和极高的悟性。在她十四五岁的时候,很多拉魂腔的难戏、大戏,她就能出演主角了,比如《挡马》中的杨八姐,《英台思春》中的祝英台,《白罗衫》中的郑月素,《武家坡》中的王宝钏,《大花园》中的张美英,等等。在她二十岁左右的时候,就学会了百余出拉魂腔传统戏,成为"尹家班"里的台柱子。

为什么要尽可能多地去学会很多戏呢?尹桂霞说,还是生活所迫。在旧社会，戏班游走江湖，到处演出，事前都要将全部戏码用红纸写好，请主家挑选，同时要禀明各戏码（本戏、折戏）的主要演员，主家选中的便在戏码上用墨笔一点，所以叫"点戏"。"点戏"的人一般对所"点"剧目的主要演员都是要当场赏钱或"披红"的。所以演员会的戏越多，被点中上台演出或是得到赏钱的机会就越多。登台多了，挣的钱自然就多。如果会的戏少，或是点中的戏不会唱，那只能是看着别的演员上台赚钱，既挣不着钱又十分难堪。所以，旧社会的戏曲艺人都会尽可能地多学几出戏，基本要达到观众喜欢看的戏、能点出来的戏都会唱，都能唱好。

旧社会尹桂霞所在的"尹家班"可谓红透鲁南苏北，所以演出特别多，一天至少演三台，上午一台、下午一台，晚上还要再演一台，如此高频率的演出，这对尹桂霞来说也是一种极大考验。有的会按折子上的戏去点戏，但也有些人会故意刁难戏班子，不点"戏折子"上的戏，专点那些很少唱或很难唱的戏。如果唱不下来，这对于戏班不仅是一种损失，也是很丢面子的事情。这就要求演员什么戏都会唱，什么戏都能唱好。尹桂霞就是本着这样的要求，一边演出，一边不断地学。自家戏班不会的戏，听说哪个戏班里哪个演员会，她就找去，用她会的戏做交换，相互教，相互学，日积月累，这便让她装在心里的戏越来越多。

2. 丈夫李春生功不可没

尹桂霞和丈夫李春生可谓是青梅竹马，他们十几岁时就在"碰班子"唱戏时相识。

尹桂霞学戏属于家传，从小就跟着"尹家班"走江湖，由父亲手把手、一字一句地教，只要是"尹家班"能唱的戏，她都能学到心里，不单单是她所饰演的角色，就是其他角色，不同的行当，她都认真学。别的艺人学戏一般只是学会一出戏的某个角色，而尹桂霞学戏是学整出戏，从唱词唱腔到一招一式。

而李春生小时候是拜在著名的拉魂腔艺人李忠智的门下学徒。学戏期间，师傅常带着他与尹桂霞家的"尹家班"搭班演出。李春生勤学苦练，又极具天赋，在柳琴戏的舞台上成长非常快。他认识尹桂霞后，就毫不保留地把自己会唱的戏全部教给尹桂霞。这样一来，尹桂霞既能唱"尹家班"的戏，也学会了李春生的老师传授给李春生的戏。李春生出师以后，正式带着师傅加入"尹家班"，与尹桂霞成了戏班的"金童玉女"，二人珠联璧合，红极一时。后来，李春生与尹桂霞结为夫妇，在柳琴戏的舞台上比翼齐飞，常年活跃在鲁南苏北各地。1956年，李春生作为柳琴戏剧种的代表，参加了中国戏剧讲习班，得到了马连良、谭富英、叶盛兰、裘盛戎等京剧名家的传授和指教。讲习班学习结束回到临沂之后，他把自己学习期间在其他剧种上吸收的艺术，又传授给尹桂霞，这使得尹桂霞的演唱艺术又有了极大的飞跃，也为她后来从事柳琴戏教学打下了良好的基础。

3. 勤奋好学，走到哪学到哪

尹桂霞之所以一生中会唱那么多的柳琴戏，除了她具有惊人的记忆力和表演天赋外，还在于她勤奋好学，外出演出时，走到哪学到哪，每一次"搭班子"演出，都是她学习的好机会。如果别人会唱的戏她不会，她便千方百计要跟着人家学，为了能让对方痛痛快快地教自己，她会主动提出把她会的戏教给对方，以此作为"交换"。

有一次在徐州演出时，她遇到了当年蜚声淮河两岸的拉魂腔艺人、艺名叫"二英子"的左银芝。"二英子"是个很开明的艺人，她见尹桂霞是个唱戏的好苗子，又虚心好学，于是就把自己会唱的几出拿手戏一字一句地传授给了尹桂霞。至今回忆起来，尹桂霞还十分感谢当年"二英子"对自己的热心传戏。

回过头来看看现如今体制内的演员们，还有像尹桂霞这样的"戏篓子"吗？很难找了。首先，体制内的演员由国家拿钱养着，完全没有生存的压力，根本不用靠身上的戏去闯荡江湖，他们过着舒舒服服的日子，主动学戏的动力没有了。其次，现在的演员，除了平时本剧团排练的剧目外，恐怕也没有几个主动去学习传统经典剧目的。

如今，唱了一生戏、全身都是戏的尹桂霞虽已是耄耋之年，但她仍一心牵挂着柳琴戏的发展，她很想把肚子里面的这些传统戏传下去，使得柳琴戏艺术长盛不衰、永葆活力，这是尹桂霞最大的心愿。

如今，年近九十的尹桂霞仍然经常到临沂柳琴戏传承保护中心与青年演员们交流柳琴戏艺术，在表演上给她们以指导。图为尹桂霞（前排中）与剧团的青年演员们在一起。

附录

一、尹桂霞唱腔设计经典剧目

《姊妹易嫁》原本是吕剧,创作于1962年。该剧剧情是张有旺长女素花自幼与毛纪订婚,后嫌毛家贫穷,执意悔婚。其妹素梅劝说无效,又深感毛纪真诚,敬重其人品,也为与父分忧解窘,愿代姐出嫁。完婚时众人得知毛纪中了状元,素花悔愧不已。1963年,该剧被香港华文影业拍成戏曲艺术片公映,引起了强烈反响。这期间,尹桂霞前往济南,找到山东省吕剧院的著名演员郎咸芬,要来了吕剧《姊妹易嫁》的剧本。尹桂霞重新将这出戏设计成柳琴戏的唱腔,由临沂柳琴剧团演出,深受广大柳琴戏爱好者的喜爱。

姊妹易嫁

（第一场）

唱腔设计：尹桂霞
记谱：卢德存

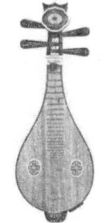

第一场02

1 6 27 | 6·1 35 62 76 | 5 - | (1·2 35 2327 | 6276 5 6 5) | 0 2 7 77 |
张素 花呀　　　　　　　　　　　　　　　　两小无

¼ 7 27 | ² ⁄ ₄ 0 7 6 7 5 6 | (7265 356) | 0 7 2 | 3 5 7 | ³⁄₄ 7 7 2 6 5 6 |
猜　　同长大，　　　　　两户 清贫　皆寒 家。

(7672 3235 | 3272 656) | 0 6 1 | 12 3 4 | 4 3 231 | (1·2 35 2312 |
　　　　　　　　　　　只因 荒年难 度日，

7656 161) | 0 2 2 2 | 2 5 7 6 5 | (6·5 67 2725 | 3276 5 6 5) | 0 6 6 1 |
各不相顾 奔天 涯。　　　　　　　　　　　现如今

2 2 2 | 26 5 5 3 | (6767 653 | 6767 653) | 0 6 1 3 3 2 | 1·2 35 12 35 |
张门家　业盛，　　　　　　　　岳父贸易 把财发呀

¼ 3 21 | ²⁄₄ 0 6 27 | 6·2 35 62 76 | 5 - | (1·2 35 2327 | 6276 565) |
把财 发那呵哈 咿

0 7 2 | 3 7 12 | 5·6 7 | (7276 567) | 0 7 72 | 3 5 5 0 7 |
素花 嫌俺的 家贫穷　　　　　她立志 不嫁俺 放

7 7 ⁷6 | (7672 3235 | 3272 656) | 0 7 7 7 | ¼ 7 | ²⁄₄ 7·6 7 5 6 |
牛娃。　　　　　　　　耳听传 言　我不信

6 6 | 0 2 7 6 | 6 6 | 2 #4 | ¼ 5 | ²⁄₄ (6 5 6 7 | 2725 | 3276 565) |
赶考 路过 她的　家

0 2 2 2 | 2 2 2 | ¼ 2 5 | ²⁄₄ 5·7 6 5 #4 | (6·7 6 7 6 5 #4 | 3567 653) |
她冷言 冷语讥　笑我 呀

第一场03

第二场01

1=C 1/4

中速 唢呐 堂鼓

冬冬 5.5 | 5 5 | 3 1 | 2 3.5 | 3 5 | 3 1 | 2 | 3.3 3 3 |

3 23 | 5 | 1 | 2 3 | 5 | 5.6 | 5 3 | 5 | 2 1 | 6.5 |

6.1 | 2 1 | 2 | 3 23 | 5 | 1 | 1.3 | 2 1 | 7 6 | 5 |

稍慢

1 1 | 5 6 | 1 | 1 3 | 2 1 | 7 | 6 | 5 | 5 | 5 |

张有旺：哈哈哈···

大大大 2 大 2 台 | 0 X | X X X X | X X | X | X X X | X X X X | X |
今 天是 五月 二十 八 陪送俺 闺女 到婆 家，

0 3 | 3 3 | 5.6 | 1 | 3 | 5 3 | 2.3 | 5 | 5.6 | 5 3 |
梅：今 天是 姐 姐喜 大 喜呀， 三朵 花儿

2.3 | 2 1 | 6.5 | 6 1 | 2 1 | 2 | 0 3 | 3 3 | 5 | 6 |
开呀 一朵 百 花 呀。旺：老汉 我

1 | 1 | 6 | 3 | 2.3 7 6 | 5 | 5 1 | 1 5 | 1 |
把 心 放 下唻哎嗨哟 哎嗨哟

2.3 | 2 1 | 0 7 | 7 6 | 5 | (0 1 | 1 5 | 1 | 2.3 | 2 1 |
哎尔 哎嗨 哎嗨 哟。

0 7 | 7 6 | 5) | X X | X X | X X | X | X X | X X | X X |
梅：嫁妆 漆的 红又 亮 (旺:)照的 老汉 两眼

第二场02

X |XX |XX |X |XX |XX |X |XX |XX |XX |
花　高的是站框　小的梳头匣　不大不小是箱

X |XX |XX |XXX|X |XX |XX |XX |X |XX |
架　全套嫁妆　三十二件(梅)件件贴上双喜花　梳头

X |XX |X |XX |XX |XX |X |XX |XX |XX |
匣　双喜花　陪送姐姐到婆家(旺)菱花镜子桌上

X |XXX|XX |XX |X |XX |XX |XX |X |XX |
摆，对着他梳头把粉擦(梅)花瓶帽筒配成双　朵朵

XX |XX |X |03 |33 |5.6|1 |3 |53 |23 |
梅花瓶里插，　衣服被褥满箱柜，

5 |5.6|53 |23 |21 |65 |61 |21 |2 |03 |
　 件件贴上双喜花呀，(旺)为

33 |5 |56 |1 |1 |6 |3 |2.3|76 |5 |
闺女哪　怕　把钱花唻哎嗨哟

51 |15 |1 |2.3|21 |07 |76 |5 |(01 |15 |
(合)哎嗨哟哎尔哎嗨哎嗨哟

　　　　　　　　　　　　　　　　　　复4
1 |2.3|21 |07 |76 |:5.5|55 |31 |2 |3.5|

3.5|31 |2 |3.3|33 |3 23|5 |1 |23 |5 |

第二场03

中速
喇叭 声声到 处 响。

忙坏 了　　　 张 有 旺　　　　 出 来
进 去 我 好 几　趟。
东 庄 往 西 庄　下 彩　礼
王 家 庄　上　　　 没 见　毛 家 那 把 门　上
　　　　　　　　　　　　　　　　　　　撒板
　　　　　　　　　　　　　　　　　　　莫 非 是
赶 考 没 回 来　（旺：这大喜的日子）多 么 荒　唐　（大一台）梅：爹！

第二场04

龙冬 乙(76 | 5613 2176 | 55 6532 | 5. 6565) | 0 3 5 | 6 5 4 3 |
　　　　　　　　　　　　　　　　　　　　　　　　　刚才　我把楼来

4 2 3 7 | (#4 44 4 3432 | 7672 323) | 0 3 5 75 | 0 5 75 5 5 | 0 #4 3 5 |
上,　　　　　　　　　　　　　姐姐她　不三不四的　论短

1/4 3 2 | 2/4 3276 5 | (7.2 35 2355 | 3276 565) | 0 5 57 | 1/4 7 2 |
长。　　　　　　　　　　　　　　　　　别人家　办

2/4 3.5 3 2 | 7276 5 356 | 7(276 5672 | 3276 567) | 0 3 53 | 2 5 5 |
喜事 心 欢 喜　　　　　　　　　　　她的　脸跌跌

3 57 2 | 33 57 6 | 765 356 | 5 - | (7.7 77 6765 | 3576 5356 |
咧咧有　尺半　长,

3276 565) | 0 7 2 | 3 7 2 | 5.6 7 27 | (7276 567) | 0 7 3 2 |
　　　　　张口　就是　命不好,　　　　　说什么

7.2 3 5 | 0 #4 3 | 3 2 7 6 | 2/5 - | (7.2 35 2356 | 3276 565) |
偏偏　嫁给 放 牛　郎。

0 5 3 2 | 3 3/5 7 | 775 0 67 | 5 - | (5.6 7 5 | 3276 565) |
毛哥哥 哪点配　不上 她。

0 3 5 | 6 6 6 | 66 6 | 0 6 3 | 1/4 6 | 2/4 3.2 76 | 5 - |
忠厚 老实人　夸奖　人夸　　奖。

(7.7 77 6765 | 3576 5356 | 3276 565) | 0 3 77 | 3 7 12 | 7 3 7 |
　　　　　　　　　　　　　　　她一心 相当　官太太

第二场05

(7276 567) | 0 2 2 | 1 2 | 6 5 3 | 2 - (5653 2356 |
　　　　　　心高妄想 做 娘 娘。

3216 232) | 0 7 2 | 7 7 5 | 32 7· (5 6 | 7 7 0 5 6 | 1/4 7 7)|
　　　　　爹 爹 你不能

0 7 3 7 | 2 - | #4 - | 3 - | (3 4 3 4 | 3272 3235
光由着她　　　　　　　　　　(旺：二妮呀)

3276 565) | 0 6 6 1 | 6· 3 2 1 | 0 7 | 7 2 7·7 6 3 | 5 - |
　　　　你爹我 一辈子　　就 窝 囊，

(1·2 35 2356 | 3276 565) | 0 5 3 1 | 1· (2 | 1276 561) | 0 1 3 3 |
　　　　　　　　　　　想 当 初　　　　　　　　　咱家里

1 1 1 | 1 1 165 | 5·3 | (6767 653 | 6767 653) | 0 5 6 7 5 |
贫穷 你爹我身待 病，　　　　　　　　　　　您毛大

6 2 7 | 6 5 | 2·3 5 | (6765 6765 | 4323 535) | 0 3 3 5 |
爷 东借 西凑　把咱帮，　　　　　　　　　 现如今

0 7 7 7 7 | 3 1 | 7 6 5·3 | (6767 653 | 6767 653) | 0 7 5 6 |
你毛哥的父 母　下 去　　　　　　　　　　　撇下他

7 57 6532 | 5· 3 | 6· 7 1 | 7 7 6 5 | (7125 2356 | 3276 565)
一　 人 就受 凄 凉，

0 3 7 3 | 3 5 0 3 | 3 6 3 5 | 3 7 7 5 6 | (6756 756) | 7· 6 5 |
你毛哥 家 贫不忘 把书 念　　　　　　那一天

第二场06

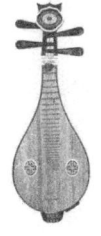

第三场01

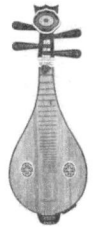

小锣夺头（0 76 | 5613 2176 | 5 5 6523 | 5. 6565）| 0 7 2 7 7 | 7 |
（毛）脱去官衣 摘

5.6 7 | (7276 567) | 0 7 2 | 2 5 6 | 7 - | 7 6 6 5 | 4 3 | 5 - ‖
乌沙　　　　巧装 改　扮　我 试探 素　花。

旺：她姐夫！
龙冬大 76 | 5613 2176 | 5 5 6523 | 5.6 43 235) | 0 7 3 36 | 5.5 |
　　　　　　　　　　　　　　　　　　　此事不　用你

3 7 6 | (6765 356) | 0 7 5 6 | 2 7 2 6 | 5. 3 | 6. 7 1 |
犯难 为，　　　　老汉我 给　 你　　全　包

7 76 5 | (6.7 2 5 | 3276 565) | 2 7 6 | 5 | 0 3 5 3 3 | 7 |
下。　　　　　　　　从今 后　　吃穿不　用

3 7 6 | 2 7 6 5 | 2 7 6 5 | 2. 3 5 | (6767 2 5 | 3276 565)
你劳 心， 你只管　安心念书　呆在家。

0 3 5 3 5 | 3 7 7 | (5.6 7 2 7 | 2776 567) | 0 6 5 6 | 7. 2 7 6 |
家 中事　素花来，　　　　老汉我 出

5. 3 | 6. 7 1 | 7 7 6 5 | (6. 7 2 5 | 3276 565) | X X X | X X X X |
门　没牵 挂呀。　　　　　　　　　　只要您 和和美美

X X X X X | X X X | X X X | X. X X X | X X X X | X X X X X |
安安稳稳的 过日子， 叫我说　中不中得 官不官的 莫得个啥呀，

7 6 7 5 | (5676 565) | 0 3 7 | 6 3 5 | (5. 6 76 565) |
决 不 能　　　　　　叫您 缺吃

第三场02

0 3 5 | 3· 3217 | 1 - | (5 53 2356 | 3276 565) | 0 3 7 7 7 |
少 钱 花　　　　　　　　　　　　　　　(毛)岳父 好

7 | 7 7 727 | (7·2 76 567) | 0 3 3 | 33 3 | 33 21 | 0 7 27 |
意 实感激　　　　　　　容我 以后再　报 答　再报

7·76♯4 | 5 - | (5 53 2356 | 3276 565) | 0 3 63 | 65 | 0 3 7 |
答　　　　　　　　　　　　　　(旺)咱一家人　　可别

6 6 | 27 76 | 65 6 | (67 67 | 6567 2725 | 3276 565) |
说 出 两 家 话

0 6♯43 | 2· 4 | 3 - | 7 2 | 3543 2 | 72 56 | ᵛ³⁄5 - ‖
(梅)姐姐她 不 听劝　　还 有 啥　　法。

第四场

中速

冬冬 ‖: 5· 5 | 5 5 | 3 1 | 2 | 3· 5 | 3· 5 | 3 1 | 2 |

3· 3 | 3 3 | 3 23 | 5 | 1 | 2 3 | 5 | 5 6 5 3 |

2 3 | 2 1 | 6 5 | 6 1 | 2 1 | 2 | 3 23 | 5 | 1 | 1 13 |

2 1 | 7 6 | 5 | 1 1 | 1 56 | 1 | 1 3 | 2 1 | 7 6 | 5 :‖

1 3 | 2 1 | 7 | 6 | ᵛ5 | 5 ‖

第四场01

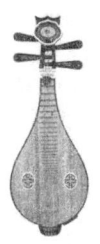

素花：哎！

大大大 乙大乙 | 0 (76 55 | 32 76 55 | 5.7 76 565) | 03 5 33 65 | #4 4 4 4 3 |
台　　　　　　　　　　　　　　　　　　　　　　　　敲的什么 锣鼓 吹的什么 笙

(#4 4 4 4 3432 | 7672 32 3) | 05 5 6 6 | 5 5 6 5 3 5 | 0 76 5 |
　　　　　　　　　　　　　　　穿的 什么　罗裙 下得什么　　红

(7235 2356 | 3276 565) | 05 6 6 | 75 | 3 72 656 | (5672 656) | 0 7 7 2 |
　　　　　　　　　　　　围着个 绣球 闲嚷 嚷　　　　　　　　　　素花我

3 5 5 3 | 5 3 0 3 | 3 3 3 7 | 7.6 5 | (7672 3235 | 3276 565 |
心里拧成绳　拧　成绳

5676 565) | 03 6 35 | 05 5 75 | 5 5 7235 | 237 6 | (7.6 72 3235 |
见人家　　　王孙公子　骑骏马

3276 565) | 05 5 | 3537 03 | 3 353 272 | 0 765 | (7.2 35 2356 |
旗锣 伞扇把佳　人来　迎，

3276 565) | 7.2 67 2 | 3523 5 | 32 2776 | 75. | 5. 6 | 7 5 6 |
身 穿 霞 披 头戴 凤　玉带一端

(03 566 | 03 566) | 05 7 2 | 35 32 | 765 | (5676 5672 | 6523 5356 |
　　　　　　　　　　　有多么 威 风，

3276 565) | 07 77 72 | ²7.(6567) | 07 72 5 | 6.(5356) | 01 25 53 |
高声叫紫　燕　　　低声唤春　红　　　家奴院工

23 7 | 6276 565 | (5676 565) | 0 6 27 | 6.2 35 | 6565 656 |
把太　太来称

第四场02

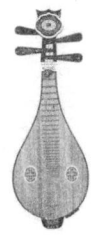

第四场03

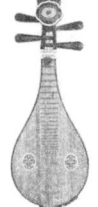

music score with lyrics:

那一天 李家大嫂 把我问 她问我 许配 哪
家相公 她那里 问出口
我的 娘啊 我的脸发 烧舌根硬，满脸好似
红布蒙恨 不能钻进 那个墙窟 窿
（柳琴滑弦）
别人说 是个 小秀才
我怎能 说他 是个 牧 童
我看他 朽木不成 材 成就的泥鳅
难成龙 墙头芦 苇 根子浅
土柱子怎能 当梁用。 放牛的 要能
做了官， 谁还 种地 受贫

1=C 2/4　　第四场04

3.276 | 5 - | (7777 6765 | 3576 5356 | 3276 565) | 0 3 3 3 |
穷　　　　　　　　　　　　　　　　　　　　　　　　他要是

7577 | 7.2 656 | (5672 656) | 0 X X X | X X X | 0 0 |
得中　是我的福　　　　　　　他要是　落了榜　哼

　　　　　　　　　　　　渐快
0 2 2 | 1 2 | 5 0 1 0 | 2. (3 | 2 3 2 3 | 2 0) ‖
一刀割断这根绳　　　　　　　　　（台）

第五场01

素梅：姐姐！
大大大 乙大乙 台台 | (5.5 55 | 6535 | 2161 | 5 5 | 6523 | 5.6 565) | 0 3 |
　　　　　　　　　　　　　　　　　　　　　　　　　　　　　　　　怪

3 5 | 7276 | 5 | 6.#4 | 3.5 | 7 2 | 3 | (23#46 | 3432 | 7672 | 323) |
不得昨　晚　结灯花哎结灯花，

0 3 | 3 5 | 7.6 5 6 | #4 3 | 7 2 | (7776 | 5672 | 6535 | 272) | 0 7 |
怪不得喜鹊　叫喳喳，　　　　　　　　　　　　　　怪

7 2 | 7 2 | 3 | 5.6 #4 | 3 | 0727 | 7 67 | 5.6 | 7 72 | 2 67 |
不得猫儿光　　　　洗脸，　光是光洗脸。

5 | (5356 | 7 35 | 3276 | 565) | 0 5 | 3 2 | 7 2 6 ‖: 0 3 5 | 3272 |
　　　　　　　　　　　　　　怪 不得喜鹊　哎哟落檐

2765 :‖ 0 7 2 | 5 7 7 | 6 | 2 7 2 | 7 6 5 | 3 5 6 | 5 | 5 |
下呢，　唧儿哎嗨嗨哟　哎嗨　依呀哎嗯

第五场02

(5777 | 6765 | 3567 | 565 | 3276 | 565) | 0 3 5 | 5 35 | 3 5 | 35 35 |
　　　　　　　　　　　　　　　　　　　　(花)我 在　这里 解 解

3 6 | (3.5 32 | 176) | 0 2 | 7.2 72 | 3 5 | 5 #4 | 4 3 | 3.2 7 6 |
闷，　　　　　　　　你 哕 里 哕 嗦 说 些

2̲5 | (7.2 | 3 5 | 3276 | 565) | 0 5 | 3 5 | 7 | 6 5 | 5 3 5 |
啥。　　　　　　　　　　(梅)毛 哥 哥 如 今　在

1 2 | #4 3 | (3532 | 1235 | 6532 | 123) | 0 3 | 3 5 | 6.7 | 6 5 |
前 院　　　　　　　　　　　　良 辰 吉 日

5 5 | 2 34 | 3 21 | (3235 | 6765 | 5234 | 3212 | 7656 | 161) | 0 7 |
来 迎 嫁，　　　　　　　　　　　　　　　　(花)你

5 5 | 7 5 | 5 7 | 7 3 | 7 7 7 | 0 7 | 7 7 | 6 | 7.2 | 3 5 |
看他 得中 未 得中我的 妹 妹 啦。哎嗨哟好

5 33 | 3 7 | 6 | (7672 | 3235 | 3272 | 656) | 0 7 | 3 7 | 3 5 |
我的 妹妹 啦。　　　　　　　　　　他 头上 可曾

5̲³7 | 7 6 | 5 | 5 3 5 | 5 3 5 | ³6 | 6 | 5 | 5 | (5676 |
戴 乌 纱 依呀 依呀 啊　嗯

5677 | 6523 | 5356 | 3276 | 565) | 0 5 | 5 5 | 7 57 | 7 7 | 7 6 |
　　　　　　　　　　　　　　(梅)我　还 没见　毛哥的

6.3 | 5 | (0 5 | 3 3 | 5 5 | 5 5 | 3 2 | 7.6 | 5 | 7267 |
面

第五场03

第五场04

(3532 1767 5672 656) 0 1 | 6 533 | 21 61 | (65 |
　　　　　　　　　　　　两　只　船儿我　双脚　踏，

3532 | 1232 | 161) 07 | 72 | 722 | #4 3 | 2 | 3 |
　　　　　　　　要　是　得中我　随　身　去　呀

3(#4 | 3#4) 7#4 | 3#432 17 | 66 | 5635 66 | 5672 | 6 |
呀

6(76 7) 02 | 12 1 | 2 | 50 | 10 | 20 | 0 |
姐　姐我　一　脚　蹬　了　他。

(3.5 76 | 56 | 6 | 3.2 76 | 63 | 5 | 6.3 | 53 |

2 3 | 5 | 65 | 3 23 | 56 | 1 | 6 67 | 25 | 3276 | 565) |

06 | 65 | 35 | 06 | 65 | 37 | 65 | 05 | 55 | 3.2 |
又　听得　　　鼓乐　吹喇　叭，　想　必是

10 | (132 | 132 | 1232 | 1232 | 1232 | 1.1 | 11 | 01 | 10) |

05 | 35 | 63 | 65 | 55 | 35 | 3.1 21 | 05 | 35 |
想必是　迎亲的　　　进　咱家，　　　进咱

3.1 21 | 05 | 35 | 32 | 10 | 61 | 53 | 2.2 22 |
家　　　进咱　哪　　　　　　家。

第五场05

紧打慢唱
(梅) 笙琴细乐一片响，
妹妹的话儿理不差。他言道不中永不进俺府，
今日他得中了亲自来娶俺张素花，
放牛小子做了官，(台) 都是俺素花福大冲得他。
提裙我把楼来上。

别误了

第五场06

0 5 2 3 | 5·6 5 3 | 2·1 1 2 1 6 5 | (5·6 5 3 | 2 3 2 3 5 3 | 2 1 6 1 2 3 | 1 6 5) |
良 辰 吉 日 把 轿 发。

5 3 5 1 6 5 5 | 5 3 2 1 | (7 7 6 5 6 7 6·5 6 7 | 6 5 6 7 5 6 7 5 3 | 2·1 2 5 6 5 6 1 |
往 日 打 扮

2 1 2) | 0 5 3 5 7 2 1 | 0 5 3 5 7 2 1 | 0 2 7 6 5 6 5 | (3 5 6 5 3 2 1 3 | 2 6 7 6 5 6 5) |
无 人 看 无 人 看

0 3 5 6 3 5 | 0 3 6 3 7 6 | 0 3 5 7 6 | 0 6 1 | 3·5 3 5 3 1 2 1 | (6 5 3 5 3 5 1 6 1) |
今 有 新 科 状 元 我 的 丈 夫 哎 哟 把 是 把 我 夸,

0 6 1 | 6·5 3 5 3 2 1 | 0 6 1 | 6·5 3 5 3 2 1 | 0 6 1 | 3·5 3 2 3 5 3 2 |
哎哟 把 是 把 我 夸。

1·2 3 5 1 6 1 | 0 3 2 1 6 1 | 7 2 7 6 7 6 5 | 3 5 6 5 | (5 7 7 7 7 6 7 6 5 | 3 5 7 6 5 3 5 6 |

3 2 3 7 6 5 6 5) | 0 7 2 7 2 | 7 5 3 2 | 7·(5 6 | 7 6 7 | 0 5 6 7 6 7) |
我 急 忙 去 把

0 7 2 7 6 | #4 3 | (3 4 3 4 | 3 3 | 3 2 7 2 3 2 3 5 | 3 2 7 6 5 6 5) |
新 衣 换 (台台)

0 5 3 7 | 7 6 5 | (5 6 7 6 5 6 5) | 0 6 6 6 | 6 6 6 6 | 0 6 7 5 6 |
啊叫贤 婿呀 咱到那 客厅一里 去 喝

2·7 6 3 | 5 - | (1·2 3 5 2 3 5 6 | 3 2 7 6 5 6 5) | 0 7 7 | 7 5 |
茶 依 (毛)小 婿 进 府

第五场07

第六场01

旺：贤婿呀 龙冬 大(76 | 5613 2176 | 5 5 6523 | 5.6 565) | 0 1 1 | 1 — |
　　　　　　　　　　　　　　　　　　　　　　　　　　　常 言 道

(1276 561) | 0 3 7 5 | 6 | 7.6 756 | (6756 756) | 6.6 6 3 |
不看僧面　看佛面，　　　　　　　　　　　　　从今

6.6 6 6 | 3 3 7 6 5 | (5653 2356 | 3276 565) | 0 3 3 5 | 0 1 1 1 |
不许再说　这些 话，　　　　　　　　　　　等一会　打发你

3 1 7 | 7 6 5 3 | (6.7 67 653 | 3567 653) | 0 6 3 6 | 3 |
二人上　花 轿。　　　　　　　　　　　　咱吹的　吹，

6. 5 6 | 2 7 6 7 6 5 | 2 3 5 | (7267 2725 | 3276 565) |
打 的打　吹吹打 打　把轿发。

0 2 2 5 | 0 6 6 | 6 6 6 6 | 6 6 5 4.7 | 6.5 #4 | (6767 653 |
咱在那　大街 小巷　转 一 转　那，

3567 653) | 0 7 5 6 | 5 6 7 | 7 7 2 | 7.76 #4 | 5 — |
拐个弯　就回咱　得　家　依。

(1235 2356 | 3276 565) | 0 X XX | XX XX | X XX | X |
　　　　　　　　　　说什么　你家和我　家　咱本　是

7.7 6 5 | 2.3 5 | (5 53 2356 | 3276 565) | 0 2 7 2 |
鱼水相帮　是一家，　　　　　　　　　　你要再

2 5 6 | 7.7 | 6 5 4 3 | 5 0 0 ‖
说 这 话　我 恼　到 了 家。

第七场01

旺：快点给你姐姐送去吧！

梅：哎！大大 台 龙冬 太

（花）素花
镜子里 开了花，左边 压根 银
凤 一枝 金 钗，一枝
金钗 凤头 凤头
插。五色
绒花 十几 朵
乙大乙 谁知俺 丈夫爱看
哪朵 花，哪 朵 花 哪啊
依 哎 嗯。拿着
镜子仔细 照。

第七场02

7 6 5 4 | 3 3 0 4 :‖ 3272 3235 | 3276 565) | 0 3 5 3 3 | 5 3 6 3 5 |
　　　　　　　　　　　　　　　　　　　　　　　　　　小 死妮　你在 镜子里

6 6 6 5 1 | (6 5 3532 | 1232 121) | 0 3/5 6 6 | 5 6 | 0 6 1 6 |
呲着个牙呢。　　　　　　　　　　　　　俺笑俺 毛哥　身得

5 6 5 3 5 | (7776 5672 | 6523 535 | 3276 565) | 0 7 6 |
中你在 这　　　　　　　　　　　　　　　　　　　哎呀

5 535 | (7776 5672 | 6523 5356) | 0 3 7 7 | 7 7 7.2 6 7 2 |
你在这　　　　　　　　　　　　　　镜　子 里边笑的什 么

7276 5 | 65675 | 7.2 3 5 3 276 | 5 - (7777 6765 |
哎嗨哟　哎嗨哎嗨哟　笑的什 么

3576 5356 | 3276 565) | 0 3 7 7 | 7 2 7 7 #4 | 2/4 3.(4 | 3 4 3 4 |
　　　　　　　　　　　　　恨 不能　举手将你　　 打，

3 0) | 0 3 5 0 3 2 | 7 7 2 6 | (5672 656) | 0 2 2 2 | 2.2 1 2 |
　　　(梅)哎哟 我的 姐姐 呀　　　　　　　俺毛哥 哪里再寻

0 5 5 | 3 2 1 1 2 | 0 5 5 | 3 2 1 1 2 | 0 3 5 0 3 5 | 1.6 5 6 |
这朵 哟 花来　这朵 哟　花来。

渐快
5 - | (5 6 5 6) | 5 0 ‖
台

第七场03

花：啊！ 廿
大仓
难道说笙琴细乐骗了我？
(梅)姐姐我亲自下楼看实
落。
窗高人矮看不见，
端了个花盆垫着脚
仓
毛：哎！ 龙冬大
实指望今科
身得中，见了素花话好说，谁知如今我
落了榜，我张着大嘴说什么！人家迎親抬花轿，

第七场04

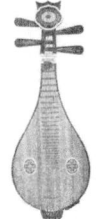

我娶媳妇 用小车， 素花嫌贫 不跟我， 活活砸了

我的锅。 放牛娃子好命苦，连个媳妇我 捞不着。

(花)猫咬尿泡 空 欢喜，

热身子 凉了大 半 截，

破衣烂衫 牛屎气， 凤凰

栖息 乌鸦窝。

台

第八场01

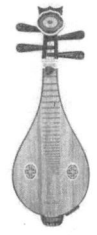

花：大 大大 乙大 乙台（5653 | 2356 | 3276 | 565）| 5 5 5 | 3 5 | 1 1 2 |
　　　　快二　　　　　　　　　　　　　　　　　　　　　　扎什么 花来 戴什么

5 3 |（3532 | 1235 | 6532 | 123）| 2 2 2 | 1 2 | 2 5 | 6 1 | 2 |
朵，　　　　　　　　　　　　　　　穿什么纱来　着什么　娥。

（5653 | 2356 | 3216 | 232）| 0 3 | 3 6 | 3 | 0 6 | 3 2 | 3 5 |
　　　　　　　　　　　　　　蒜 辫子 头　他 戴不 上

2 1 | 7 6 |（3532 | 176）| 0 5 | 5 5 5 | 6 | 0 5 | 3 5 | 3 5 |
乌纱 帽，　　　　　　　牛 蹄子 脚　他 登不 上皇

3 2 | 2 1 | 1 3 | 2176 | 5 | 5 |（5777 | 6765 | 3576 | 565 |
家的 靴。

3276 | 565）| 0 3 | 7 3 | 7 3 | 7256 | 7 2 7 |（7276 | 567）| 0 2 |
　　　　　俺 姐妹 都是 你生 养　　　　　　　　　为

1 2 | 5 5 | 5 5 | 5 2 | 3 - | 2 - | 6 - |
什么偏 把牛 郎配 给我，　我 的 娘哎

6 2 | 6 2 | 7 6 5 | #4 - | 5 - ‖
可苦 了我。

第九场01

旺：也不给这样的当爹娘啊

大台 （7276 2725 | 3276 565）| 0 1 1 | 1 — | (1.2 76 561) |
　　　　　　　　　　　　　　　　我好比

0 1 1 1 | 3 2 7 | 7 6 5 3 | (6767 653 | 3567 653) | 0 2 2 7 2 |
热锅的 蚂蚁好 难 过，　　　　　　　　　　　　我的心里

2 7 6 5 3 5 | (7672 3235 | 3276 565) | 0 7 3 3 6 | 5 |
好像开了锅。　　　　　　　　　　　埋怨一 声

7 5 7 6 | (6756 756) | 0 7 5 6 | 5. 6 | 7 0 | 7 3 | 5 — ‖
老妈妈，　　　　　　你养的 闺　女　难为 我。

二胡独 1=D （1 23 2161 | 5 — | 1 5 6561 | 2 — | 3 1 2 3 |

1 3 2 7 | 6 2 1 76 | 5 — | 1 23 7657 | 6 — | 1 5 6561 |

2 — | 3 1 2 3 | 1 3 2 7 | 6 2 1 76 | 5 — ）‖

旺：你有什么话等回来再说吧！

素梅：爹！大台 龙冬 大（76 | 5613 2176 | 5 5 6523 | 5. 6565） | 0 2 2 1 2 3 5 |
　　　　　　　　　　　　　　　　　　　　　　　　　　　　　　　姐姐光把

3 2 7 2 6 5 6 | (5672 6765 | 3272 656) | 0 2 1 2 | 5 5 3 0 3 |
爹埋 怨，　　　　　　　　　　　老爹爹 叫我 去

3/4 1 3 7 5 6 5 | 2/4 (7235 2356 | 3276 565) | 0 3 6 3 5 3 | 3 2 1 1 2 6 |
劝 她，　　　　　　　　　　　　楼上楼下 两头挤，

第九场02

(3532 176 | 3.5 35 656) | 0 3 5 | 7 5 7 | 0 7 6 | 3.5 356 | 5 - |
　　　　　　　　　　　　　真叫 素梅　难为 煞。

(5676 5677 | 6523 5356 | 3276 565) | 0 2 1 2 | 2 2 6 1 | 1 1 1 2 7 |
　　　　　　　　　　　　　　　　　　咱的娘 下世早 撇下咱 姐妹

6 1 2 7 | 6.7 65 #4565 | #4 | (1.1 11 2321 | 5176 565) | 0 2 1 2 |
俩。　　　　　　　　　　　　　　　　　　　　　　老爷爷

5 2 2 5 | 2 2 6 1 | 2 7 6 5 | (6767 2 5 | 3276 565) | 0 2 6 2 2 1 |
吃尽苦　把咱拉扯 大，　　　　　　　　　　　每日里来

0 2 1 2776 | 0 2 2 7565 | 0 5 6 2 2 | 0 7 5 6 5 | 0 6 5 6 7 5 6 5 |
心操碎。　这几天　　吃不好来　睡不下，　咱不能替爹爹

0 5 6 7 5 6 | 0 2 2 6 2 2 1 | 0 7 6 3 5 | 0 2 2 2 6 2 1 | 0 7 5 6 7 6 |
担忧愁，　咱不能 楼上　难为他。你也为爹爹　想一想

0 3 6 3 2 1 | 0 1 2 3532 | 2 6 1 2776 | 5 - | (6567 2725 | 3276 565) |
切莫再　翻来覆去　不听话。

0 2 2 6 1 | 0 2 2 5 3 5 | 2 1 2 1 6 | (3532 176 | 3.5 35 656) | 0 3 5 3 5 |
想当初　咱们两家　同受苦哇，　　　　　　　　　　　鱼　水

3 3 5 2 | 3 2 1 | (6 5 3532 | 1.2 32 161) | 0 7 2 | 3 5 | 5 3532 |
相帮过生　涯。　　　　　　　　　　　下坡 割菜　在一

3 2 7 6 | (7672 3235 | 3272 656) | 0 3 6 3 | 3 | 0 5 3 5 | 6 6 6 3 |
起，　　　　　　　　　　　　　上山打 柴　他帮咱 姐妹一同

第九场03

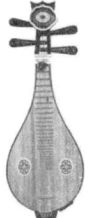

3 1 7 56 5 |(6567 2 25 | 3276 565) | 0 7 2 | 3 5 | 5. 6 3 2 7 |
背回家。　　　　　　　　　　　　　皆因为 毛哥 人 品

0 6 7 5 | 5. 6 7 2 7 | 7 6 7 5 |(5356 7 5 | 3276 565)| 0 5 5 |
好　　人是人 品　 好。　　　　　　　　　　　　　才把

3 3 5 2 | 3 3 5 7 6 | 3 5 3 5 6 | 5 - |(0 7 7 7 6765 | 3576 565 |
姐姐你　许配　　　他，

3276 565)| 0 6 6 1 | 1. 2 3 5 3 | 0 2 1 | 7 6 |(6532 1 7 6 |
　　　　现如今 翻 脸无情　　来悔 亲，

3. 5 3 5 656)| 7. 2 3 5 | 0 5 3 2 | 3 7 7 6 | 7 5 |(7235 2356 | 3276 565)|

0 61 1 2 2 | 2 7 6 | 6.3 5 |(5656 7 5 | 3276 565)| 0 3 5 | 0 7 2 6 5 6 |
× × ×　　× × ×　× × ×　　　　　　　　　　　　　　　我的 好姐姐

(5672 656)| 0 3 3 6 1 | 0 6 6 3 3 | 6 3 3 6 | 5 3 5 3 2 1 | 1 2 3 2 1 7 6 |
你就该　　欢欢喜喜　披红戴花　把他 嫁　　　　哎

5 - |(7777 6765 | 3576 5356 | 3276 565)| 1/4 0 3 | 5 5 3 | 5 5 |
嗯　　　　　　　　　　　　　　　　　　（花）我 用 不着 别人

1. 2 | 5 3 |(3532 | 123)| 6 1 6 | 5 3 5 | 2 1 | 6 1 |(6 5 | 3532 | 1232 |
把我 劝，　　　　　　　用不着 别人 把我 说。

161)| 0 2 | 1 2 | 3 2 | 1 3 | 2 2 | 2 1 2 | 3 2 | 2 3 | 1 5 3 | 3 2 |
用 不着 别人 夸贤 惠我 用不着 别人　　把牙 磨。

第九场05

第九场06

0 3 | 3 7 | 7 27 | 0 72 | 7 7 | 7 | 7 72 7 | (7276 | 567) |
岳　父　他　　　是　老　糊　涂，

0 2 | 2 7 | 7 7 | 7 7 | 2 7 | 6 5 | (6. 7 2 5 | 3276 | 565) |
吞　吞　吐　吐　把　时　辰　磨．

0 2 | 6 2 | 2. 2 | 2 2 | 2 3 | 3 21 | 1·7 | (6767 | 563 | 3567 |
一　定　是　素　花　心　肠　未　改　变，

653) | 0 3 | 2 2 | 2 2 | 2 7 | 7 72 | 7. 7 | 6 3 | 5 | 5 |
　　　岳　父　他　心　里　难　明　　说。

(5 53 | 2356 | 3276 | 565) | 6 23 | 5 | (5. 6 76 | 565) | 0 3 | 3 6 |
　　　　　　　　　　　　(旺)眼看着　　　　　　　　午　时

6 3 | 3 7 | 7 56 | (6756 | 756) | 0 2 | 2 2 | 3 | 7. 6 | 3 6 |
将　迟　巳　时　过。　　　　你　女　婿　楼　下　急　等

6 5 | (6. 7 2 5 | 3276 | 565) | 0 3 | 7 3 | 7 | 2 7 | 6 |
着，　　　　　　　　　　你　不　梳　头　不　上　妆

0 6 | 6 1 | 6 3 | 2 1 | 3 5 | 7 6 | 5 0 ‖
普　普　通　通　的　干　什　么。

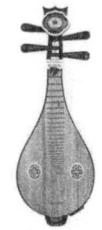

第十场01

花：我那死去的娘啊！

第十场02

第十场03

0 7 | 7 2 | 3 5 | 5 5| 5 3 | 2 | 7. 6 5 | (6. 7 2 5 |
不　失　前　约　　来　娶　你

3276 | 565) 0 3 | 3 5 | 6 | 5 | 3. 5 1 2 | 3 (3532 |
　　　　前 朝 里 有　个　陈　世　美，

123) | 0 6 | 6 6 | 535 5 2 | 2 1 | 6 1 (6 5 | 3532 | 1232 |
　　　做　了　高 管　杀　前　妻。

161) | 0 3 | 7 7 | 7. 7 | 757 | #4 3 4 | 3 | 3 2 7 | 6 | (7672 |
　　　毛　哥 哥 要 是　得 中　把 你　忘。

3235 | 3272 | 656) | 0 2 | 7 2 | 3 5 | 5 #4 | 4 3 | 2 | 7. 6 |
　　　　　　你 是 不　恨　他　无　情　义

5 | (6. 7 2 5 | 3276 | 565) 0 7 | 7 3 | 7 | 7 7 | 6 |
　　　　　　　讲　人　心　比　自 心

0 6 | 6 6 | 6 6 | 6 6 | 6 6 | 5 6 | 6 5 | 5 5 | 3 | 3. 2 |
恩　恩　爱 爱　是　夫　妻　是　夫　妻

7. 6 5 | 5 | (7777 | 5677 | 6523 | 5356 | 3276 | 565) | 0 2 |
　　　　　　　　　　　　　　　　　　　　　　姐

2 7 | 7 7 | 7 7 | 7 | (7276 | 567) | 0 3 | 3 2 | 2 2 |
妹　一 母　同　胞 生，　　　　一　只　凤 凰

0 7 | 7 7 2 | 7. 7 | 6 #4 | 5 | 5 | (5 53 | 2356 | 3276 | 565) ‖
一　只　鸡。

第十场04

花：要是摊在她身上也是一样！
梅：姐姐！论人品毛哥不差那一个，论才学毛哥不比哪家高。人品高，人品低 人品不是个好吃的，人品再高也做不了官。也不过去耕那四垄子地。薛平贵本是要饭郎，平定西凉王位立。人

第十场05

穷不能穷到底，十年
河东转河西转河西。
（旺）素梅说的
是实话，（毛）句句说到
我心里。（花）放牛小子他
好一比，硬拿蛤蟆上筵席。
凤凰不落无宝
地，泥鳅一辈子
钻烂泥。
（梅）把自己看的如珍宝。

第十场06

别人看的那样低，

拿过镜子你照一照，

毛哥哥哪一点不配你。

你看他好你就去，把这个

牛郎配给你。

仓才 乙才 仓　　　　　　　　　　　　　　大丫头说话

你你你你不讲理。

第十一场01

花：我那死去的娘哎！

旺：哎！　　　（5 -）⇆ 2 25 666 2765 5 25 ｜
　　　　　　　　　　大丫头　说出了　绝情的话，

（7672 3235｜3276 565）｜3 32765｜06 6 6｜02 5 5(55)｜02 5 5.76 5｜
　　　　　　　　　　看起来　我也不好　再逼她，倘若逼出了

05 5676｜07 67｜53 56｜7.　2｜65 43ᵛ 5｜5 -‖
好和歹，　我怎能对　得　起　她早死的妈。

旺：素梅，真要不行，咱就按你姐姐说得办了吧！　梅：爹（嘟……仓）

毛：呀！　　　（5 -）⇆ 2 2 5 56 2 27
　　　　　　　岳 父 他 想 叫 素 梅

7 3 5 6ᵛ 7 - 7.6 5 6ᵛ 7 - ｜0 2 1 2 1 2 1 2
代姐嫁。（梅）爹 爹 呀！　你这是　说了一句

2 3 1 7 6 - 3 2 76 75｜(5676 565)｜07 67 5.6 77｜07 6 6 235｜
什 么 话，(毛)岳父 啊　　　　　你这是 想了一个　啥办法！

6.27 65｜(1.2 35 2327｜6276 565)｜0 35 76｜5 5 5｜7776｜
　　　　　　　　　　　　　（梅）世 上哪 有我这　糊涂的爹，

(6765 356)｜0 5 3 77｜3 3 76 5｜(7672 3235｜3276 565)｜0 3 7 36｜
　　　　　逼着妹妹 代姐 嫁。　　　　　　　　　　我若不

5｜7.7 6｜66 35｜07 37｜37 666｜33 776｜
然　再逼她　你看他们　毛哥等　花轿催那个　亲戚朋友

第十一场02

$\underbrace{3\ 7}\ 6\ 5\ |\ (\underline{7\cdot 2\ 35}\ \underline{2356}\ |\ \underline{3276}\ \underline{565})\ |\ 0\ 3\ \underline{2\ 7}\ \underline{77}\ |\ 6\ 6\ 3\cdot\underline{5}\ |\ \underbrace{6\ 7\ 6}\ |$
在楼下呀。　　　　　　　　　　都　催着　快把轿来发,

$(\underline{6765}\ \underline{356})\ |\ \underline{6\ 3}\underline{65}\ |\ 7\cdot\underline{2}\ \underline{7\ 22}\ |\ \underline{27}\ 6\ |\ (\underline{7672}\ \underline{3235}\ |\ \underline{3272}\ \underline{656})\ |$
　　　　　　你姐姐　拼 死拼活的　不愿嫁,

$0\ 1\ 3\ 1\ |\ 3\ 1\ \underline{7}\ |\ \underline{7\ 6\ 5\ 5}\ \underline{3}\ (\underline{6767}\ \underline{653}\ |\ \underline{3567}\ \underline{653})\ |\ 0\ 7\ \underline{6\ 6}\ \underline{5}\ |$
你爹我 万般 无　共 耐　　　　　　　　　　 这也是

$0\ \underline{5\ 6}\ \underline{7\ 7\ 7}\ |\ 0\ \underline{7\ 7}\ \overset{3}{\underline{7}}\ |\ 7\cdot\underline{7\ 6}\ {}^{\#}4\ |\ 5\ -\ |\ (\underline{1235}\ \underline{2327}\ |\ \underline{6276}\ \underline{565})\ |$
没有办法的　一个办　法。

$0\ 7\ 2\ |\ 3\ 5\ 0\ {}^{\#}4\ |\ 3\ |\ \underline{2\ 3\ 5}\ \underline{3\ 2\ 7}\ 6\ |\ (\underline{7672}\ \underline{3235}\ |\ \underline{3272}\ \underline{656})\ |\ 0\ 5\ \underline{5}\ |$
(梅)素梅 不该 把 你　怨,　　　　　　　　　　只 怜

$\underbrace{3\ 5}\underline{3\ 7}\ |\ 0\ 3\ \underline{56}\ |\ \underline{3272}\ \underline{7567}\ |\ (\underline{7\cdot 6\ 72}\ \underline{3235}\ |\ \underline{3276}\ \underline{565})\ |\ 0\ \underline{6}\ \underline{6\ 1}\ |$
姐姐 　 一 　人 差。　　　　　　　　　　 若不是

$\underline{1\ 1\ 2}\ \underline{3\ 5\ 3}\ |\ \underline{3\ 2}\ \underline{1\ 6}\ |\ (\underline{5672}\ \underline{656}\ |\ \underline{3535}\ \underline{656})\ |\ 0\ 3\ \underline{2\ 3}\ \underline{7}\ |\ 0\ 3\ \underline{5\ 2327}\ |$
翻脸无 情　来毁亲,　　　　　　　　　老爹爹　　怎能叫我

$0\ \underline{6}\ \underline{5\ 6}\ |\ \underline{2765}\ \underline{356}\ |\ 5\ -\ |\ (\underline{7777}\ \underline{6765}\ |\ \underline{3576}\ \underline{5356}\ |\ \underline{3276}\ \underline{565})\ |$
代 姐　嫁。

$0\ \underline{2}\ \underline{6\ 1}\ |\ \underline{2\ 6\ 1}\ |\ 0\ \underline{2\ 2}\ \underline{1\ 2\ 6}\ |\ 0\ \underline{2\ 7\ 6}\ |\ 0\ \underline{2\ 7\ 3\ 3}\ |\ \underline{2\ 3}\ \underline{7\ 6\ 5}\ |$
往日里 咱二人　无语不啦　　姐妹俩　从未红脸 吵过架,

$(\underline{6567}\ \underline{2725}\ |\ \underline{3276}\ \underline{565})\ |\ 0\ \underline{6}\ \underline{6\ 1}\ |\ 0\ 1\ \underline{2}\ \underline{3\ 2}\ |\ 0\ \underline{2\ 7\ 7\ 7}\ |\ \underline{6\ 7\ 5}\ |$
　　　　　　　　　　今日里　就算妹妹　得　罪你,

(5. 6 7 5 | 3276 565) | 0 6 6 1 | 3. 5 1 2 | 3 (532 123) | 2. 3 1 7 |
　　　　　　　　　　　　你 应 该 思 一 思 想 一

6 (765 356) | 0 3 6 5 | 6 1 3 2 1 | 1 3 2165 | 5 - (7. 7 77 6765 |
想　　　　　究 竟 是 为 的 什 么。

3576 5356 | 3276 565) | 0 7 2 2 | 3 #4 3 6 4 4 | 3 3 3 7 (3 #4 34 327 |
　　　　　　　　　就 算 俺 说　错 了　一 句 话,

7235 327) | 0 7 6 3 5 | 0 5 5 7 5 | 0 5 3 5 | 75 6765 | (7267 2725 |
你 不 该　拿 着 妹 妹　当 冤　家,

3276 565) | 0 7 2 | 3. 5 3 2 | 0 3 5 6 | ²7 | (7276 567 |
姐 妹 情 份　你 不　念,

3276 567) | 0 2 6 3 3 | 1 2 2 | 1 5 3 2 1 |
老 爹 爹 的　恩 情　不 报 答。

0 5 3 5 | 3 5 6 5 0 3 | 3 6 5 3 2 1 | 1 35 2176 | 5 - (7777 6765 |
你 一 心 贪 慕 那　富　贵 荣 华。

3576 5356 | 3276 565) | 0 6 ‖: 5　4323 | 5　1. 3 2 1 7 6 |

5 0 6 :‖ (6567 2725 | 3276 565) | 0 7 2 | 7 2 #4 | 2 7 2 |
　　　　　　　　　　　　现 如 今 爹 爹 盼　我

(2343 232) | 2. 3 | #4 6 4 | ⁶⁄₃ - | 3 #4 3 4 | 2 2 1 2 |
　　　　一　句　话　　　　叫 我 素

第十一场04

5 3 2 1 | 1 2 1 2 | 3 3 2 - | 7 6 1 #4 5 | 5 6 5 6 |
梅 难回答。 大大大大 台台

(6 6 7 2 5 | 3 2 7 6 5 6 5) | 0 7 3 7 | 3.2 7 2 | 5. 6 7 | (7 2 7 6 5 6 7)
(毛)二妹她 为何迟迟 不 回答，

0 3 3 2 | 7 2 3 7 | 6 5 | (6.7 2 5 | 3 2 7 6 5 6 5) | 0 7 6 |
适才你 说得什么 话， 难道

3 5 0 6 | 6 6 5 5 6 | 0 6 5 7 | 7.2 6 5 #4 | 5 - (5 6 5 3 2 3 5 6
说 你 也羡慕那 富贵荣 华。

3 2 7 6 5 6 5) | 0 3 3 5 | 0 3 5 | 7. 6 5 撒 | 5 5 7 2 3 5 | 3 2 7 2 6 |
(梅)毛哥哥 不中 腹中 心沮 丧，

(7 6 7 2 3 2 3 5 | 3 2 7 2 6 5 6) | 0 7 2 | 3 5 5 | 5 6 4 3 2 | 7 5 6 5 |
面带 羞愧来 俺 家，

(7.2 3 5 2 3 5 6 | 3 2 7 6 5 6 5) | 0 7 2 | 3. 5 3 2 | 2 3 1 7 | 7 6 - |
我若不把 毛哥哥 嫁，

清
0 7 6 5 | 6.5 3 5 | 5. 6 7 7 | 1.2 3 2 3 | 0 5 3 1 | 2. 3 5 |
他定是 冷冷清清 凄 凄凉凉 孤身一人 转回 家。

2 3 2 1 7 2 6 | 5 - (7 7 7 6 7 6 5 | 3 5 7 6 5 6 5 | 3 2 7 6 5 6 5) | 0 7 2 | 3. 5 3 2 |
我若答应

第十二场01

旺：去给你毛哥实说了吧！
梅：爹！　　　串锤：

| 0 3 | 3 5 | 6　5 | 1　2 |
　　　　　　毛　哥　人　穷　志　不

3 | 0 7 7 6 7 | 2　5 | 6　1 | 0 7 7 6 |
短，　说　话　不　算　我　不　能　不　让

7 | 6 | 5 6 2 7 | 6 | 2 2 1 | 2 | 3 0 |
爹　爹　犯　难　为。　姐　姐　一　旁

清：慢：
2 3 | 5 | 5 | 0 7 2 | 5 3 5 6 | 1 - (1 -) | 0 5 | 3 5 | 1 7 |
看　笑　话，　我的　爹　爹　呀。（旺白：哎）只要毛

乐入
6 5 | 2 3 | 1 7 | 6 - | 1 2 | 3 5 | 1 2 | 2 5 | 2 1 | 7 - |
哥　哥　他　愿　意，　儿愿　与他　成为　夫　妻

6 5 6 | 2 1 7 6 | 5 - ‖ 大大大 台　　旺白：这酒都凉了，我去热热去！
度　生　涯。

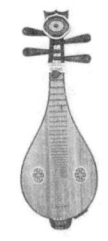

大大大　乙大乙　台 (7 6 | 5　5 | 3 2 7 6 | 5　5 | 6 5 2 3 | 5. 6 | 5 6 5) |

0 1 | 1 1 | 1 1 | 1 1 | 1 6 | 5　3 | (6 7 6 7 | 6 5 3 | 3 5 6 7 | 6 5 3) |
　　有　心　说出　真　心　话，

0 2 | 7 2 | 3 | 7 2 | 2 3 7 | 6 5 | (7 6 7 2 | 3 2 3 5 | 3 2 7 6 | 5 6 5) |
我

0 3 | 3 2 | 7 2 7 | 0 7 | 7 2 | 5. 6 | 7 2 7 | (7.2 7 6 | 5 6 7) | 0 3 |
(毛)岳　父　他　至　今　不明　讲，　　　　　　　我

第十二场02

3 2 | 2 2 | 0 7 | 7 3 7 | 7.2 6 #4 | 5 | 5 (| 1235 | 2327 |
也　不便　再　问　他，

渐慢
6276 | 565) 0 6 | 5 | 2323 | 5 | 1. 3 2 1 | 7 6 | 5 |
　　　　　　　　　　　　　　　　　　　　　　　　　　　台

(6.7 2 5 | 3276 | 565) 0 1 2 | 3236 | 0 1 2 | 3216 | 0 1 2 | 3216 |
　　　　　　　　　　（花）妹妹替我　嫁毛娃　　嫁毛娃

0 1 2 | 5321 | 2376 | 565 (3565 | 3211 | 2376 | 565) 0 3 5 | 3 5 |
嫁毛　娃，　　　　　　　　　　　　　　　　　　　　　　我心里

3.5 6 3 | 0 5 3 | 5361 | 1 53 | 2376 | 5 | 5 (| 7777 | 6765 | 3576 |
说不尽的　感激　话。

5356 | 3276 | 565) 0 7 7 | 3 ³ 7 | 6 (| 5672 | 656) 0 5 | 5 7 |
　　　　　　　　　我说 妹妹 呀，　　　　　　　　　毛　家

3 3 | 2776 | 6 3 5 (5672 | 3235 | 3276 | 565) 0 5 | 5335 | 3. 5 |
要是 断了 顿，　　　　　　　　　　　　　　　你 尽管 和 俺

6 5 | 2 7 | 6 1 (6 5 | 3532 | 1232 | 161) 0 3 5 | 3535 | 1112 |
妹夫 到俺 家。　　　　　　　　　　　　我 保准 亏不了

3 5 3 | (3532 | 123) X. X | X | X. X | X | 2 1 | 5 5 | 6 1 |
你。　　　　　　　吃得香 喝的辣　冬穿 棉袄 夏穿

2 | (5653 | 2356 | 3216 | 232) 0 3 | 6 1 6 | 3 3 5 | 2 1 | 7 6 |
纱。　　　　　　　　　　　你 姐夫 衙门里 把官 做。

第十二场03

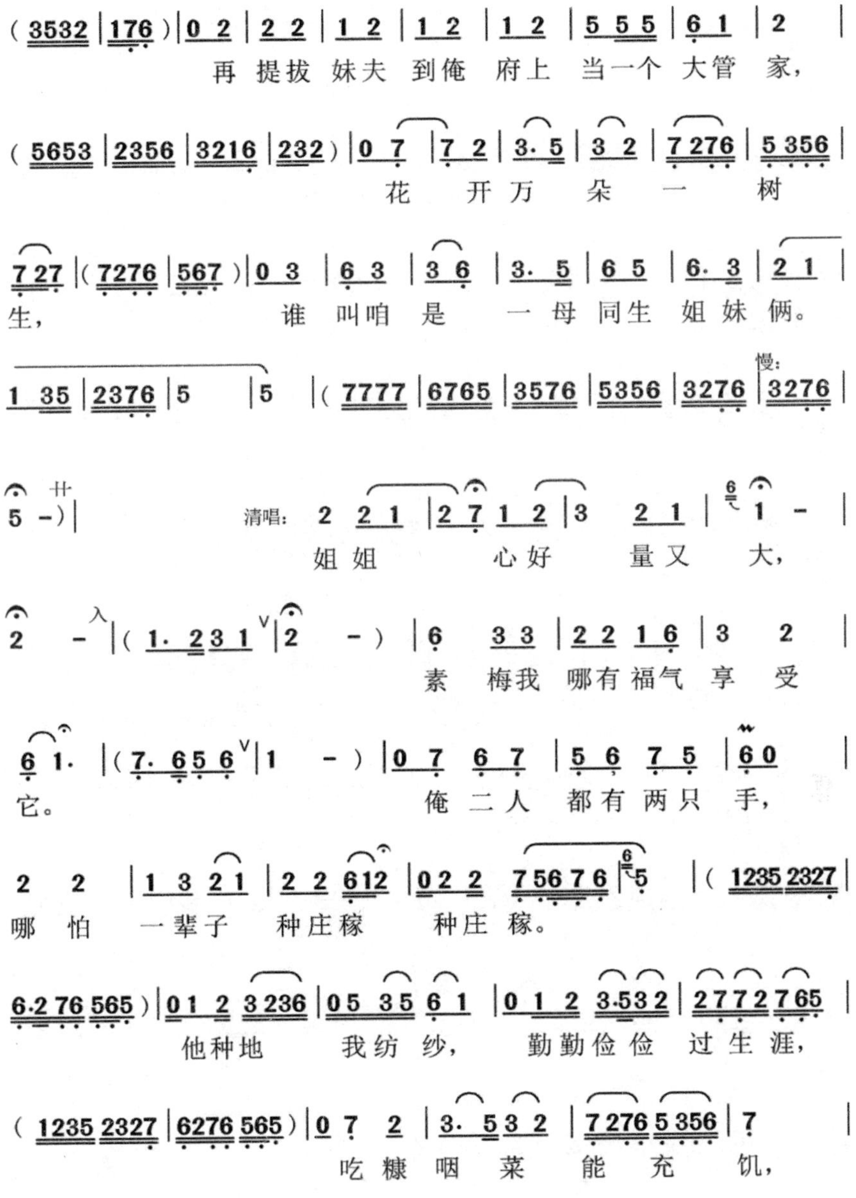
再提拔妹夫到俺府上当一个大管家，
花开万朵一树生，
谁叫咱是一母同生姐妹俩。
慢：
清唱：
姐姐心好量又大，
素梅我哪有福气享受它。
俺二人都有两只手，
哪怕一辈子种庄稼种庄稼。
他种地我纺纱，勤勤俭俭过生涯，
吃糠咽菜能充饥，

第十二场04

(7276 5672 | 3276 567) | 7.2 3 5 | 0 6 #4 | 3 2 7.6 | ³⁄5 |
　　　　　　　　　　　　　破　衣　　烂 衫 挡 风　　刮。

(7235 2356 | 3276 565) | 0 3 2 6 1 | 0 3 2 3 1 | 0 2 1 6 2 1 |
　　　　　　　　　　　　宁愿 饿死　守 本份　　要 饭 不 进

0 7 6 3 5 | 0 6 #4 3 | 2 7 2 3 | 5.(5 5 5) | 7 2 3 5 | 3 2 7 6 |
你 的 家。　不落个　嫌贫 爱　富　　　　万 人 骂。

5 — | (7777 6765 | 3576 5356 | 3276 565) | 0 7 5 | 6.75 | (0 2 3 5 5) |
　　　　　　　　　　　　　　　　　　　　　(花)死 丫　头

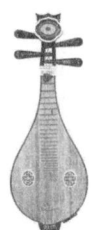

0 #4 4 | 3 3 #4 3 4 | #4 2 3 7 | (#4444 3432 | 7672 323) | 0 7 7 2 |
句 句　话 儿 都 带　刺，　　　　　　　　　　　　　　　刺 痛 我

3 5 6 | 6 #4 3 2 | 7 7 6 5 | (7672 3235 | 3276 565) | 0 3 7 |
脸 上　呼 啦 辣。　　　　　　　　　　　　　　　　　妹 妹

7 3 7 7 3 | 7 | (7.2 76 567) | 0 2 1 2 2 | 3 2 X | X X X |
真 是 个 好样 的，　　　　　　　你 跟 那个　毛 娃 享　福 去 吧！

(5 53 2356 | 3216 232) | 0 3 2 1 6 1 | 2.3 4 3 | 2 1 6 1 | 2 2 (6 67 |

2 5 | 3276 | 565) | 0 2 | 2 2 | 2 2 | 0 2 | 2 6 5 | #4 | (6767 |
　　　　　　　　　(毛)眼　看 中　午　吉　时　到，

6 5 3 | 3567 | 6 5 3) | 0 2 | 2 2 | 7 2 7 | 6 5 | 3.5 | (6.7 2 5 |
(旺)我　再 去 催催　把 轿 发，

第十二场05

```
3276 |565)|3 7 |7 3 |7    |5 3 |2 7 |6    |6. 6 |6 6 |
              素梅 是素 梅    素花 是素 花    两人 长得

6 6 |6 3 |0 3 |3 6 |5 6 |0 7 |7 7 2|7. 7 |6 5 #4|5    |
不一 样     一   眼 看 穿    有    何          法。

5   |(5653|2356|3276|565)|0 5 |3 3 7|6 5 |0 6 |6 3 |
                              啊 这 真 是    为   闺

5 |7 3 3 |7   |7 3 3 |7   |5 5 3 |2 7 |6 5 |3 5 |(6 6 7|
女 磨破 了嘴   跑断 了腿,  愁白 了头 发 急出 了莎。

2 5 |3276|565)|0 3 |6 5 |3 5 |2 7 |6   |6. 6 |6. 6 |
          这   楼梯 倒 有 八丈 八    一 蹬蹬 的

3 7 |6 5 |0 2 |7 7 |7   |7   |3   |7 6 |6   |6   |
好难 爬,  手扶 着栏   杆

6 7 |6 0 |嘿嘿 |0 7 |6 7 |5   |5 6 |7   |0   |3 5 |
仓              这 一 跤 跌   出 个       好

7 3 |5   ‖台    毛：搀扶新人前庭去者！ （丫环：是！）
办 法.

‖: 2/4  3. 5 3 2 |3. 5 3 2 |3. 5 6532|1. 6 1 6 1 |

6. 5 6 1 |2.  3 |1 3 216|5 3  535 :‖6 5  3 23|5  -  ‖
```

(终曲)

二、尹桂霞口传传统戏

刘桂臣算卦
(传统柳琴戏　尹桂霞口传)

剧情梗概：

山东东昌府聊城县的刘桂臣，自幼与浙江宁波郭阁老的女儿郭美荣订下"娃娃亲"，刘桂臣成年后，家境败落，父母双亡，无奈他独自前往浙江宁波投奔岳父郭阁老。谁知郭阁老嫌弃他家境败落，翻脸不认亲，用棍棒将刘桂臣打出家门。只是郭阁老的女儿郭美荣不嫌弃刘桂臣，对他一往情深，偷偷送他银两，助刘桂臣进京赶考。刘桂臣赶考得中高官，又来到宁波府，扮成一个算命先生微服私访。而此时，宁波地痞恶霸陈二红看中了郭美荣，到门找郭阁老提亲，不管郭家同意不同意，强行定下九九重阳节要来迎娶郭美荣。郭美荣得知后自叹命苦，并要寻死。但她更加思念夫君刘桂臣，于是差丫鬟去街上唤来算命先生，要算一算她的夫君刘桂臣何时回来与她团聚。丫鬟找来的算命先生正是巧妆打扮的刘桂臣，最终夫妻团聚，有情人终成眷属。

剧中人物：刘桂臣　　陈二红
　　　　　郭美荣　　四龙套
　　　　　丫　鬟　　中　军
　　　　　郭阁老　　四家丁

（刘桂臣上场）

刘桂臣：（白）巡案出朝，地动山摇。俺，刘桂臣，山东东昌府聊城县人士，早年父母双亡，失了把天火家境败落。无奈何我到浙江投亲。岳父嫌俺贫穷，打俺四十大棍撵出家门。多亏我妻赠我金银进京赶考，万岁封俺四府巡案、七府刑听。俺出京私访。

（白）四府巡案离了京啊——

（唱）　　刘桂臣领了圣旨离了京，
　　　　私访去到宁波城。
　　　　家住在东昌府聊城县，
　　　　十字大街有门庭。
　　　　二大爹娘下世去，
　　　　又招来一把天火烧干净。
　　　　万般出道无其奈，
　　　　宁波城里投亲情。
　　　　岳父嫌我家贫穷，
　　　　四十大棍打身中，
　　　　把我赶出府门外，
　　　　大街上遇到丫鬟小春红。
　　　　她把我带到花园里，
　　　　见到我妻郭美荣。
　　　　我妻她是贤良女，
　　　　时时难舍夫妻情。
　　　　给我银子三百两，
　　　　又给我一只金镯做证凭。
　　　　京城以里得了中，

搬娶奴家过门庭。

她道说，

宝贝相见人相见，

宝贝相逢人相逢。

但愿得我妻心如故，

诰命妇人她应承。

催动人马往前走，

公寓休息我换换衣裳。

（刘桂臣下，陈二红上场）

陈二红：（白）郭家出美人，今天去提亲。俺，陈二红，家里有三房妻妾，没有儿女。经打听郭阁老之女长得甚是美貌，今天前去提亲。人来——

家　丁：（应）有！

陈二红：（白）今天准备好聘礼，上郭家聘亲。

家　丁：（应）是！

陈二红：（白）给我带马。

家　丁：（应）带马来！

陈二红：（唱）陈二红上了马一匹，

喜在眉梢笑心里。

闻听着郭家女儿长得俊，

今天上门去提亲。

八月十五下聘礼，

九月重阳就娶妻。

催动座马往前走，

来到郭家府门西。

陈二红：（白）人哪？

郭府家丁：（内应）有！

陈二红：（白）快快通报一声，就说陈二红陈大人要见郭老爷。

（郭府家丁上）

家　丁：（白）有请老爷。

（郭阁老上）

郭阁老：（白）何事？

家　丁：（白）陈二红陈大人求见。

郭阁老：（白）有请！

郭阁老：（白）陈大人请坐。

陈二红：（白）郭阁老请坐。

郭阁老：（白）陈大人来到寒舍有何贵干？

（丫鬟上，一旁偷听）

陈二红：（白）闻听你家女儿长得美貌，我前来提亲。

郭阁老：（白）使不得使不得，我家女儿有婆家了啊。三年前小婿前来投亲，我嫌他礼貌不周将他赶出了家门。你要订亲就订我的小女儿吧。

陈二红：（白）我相亲之事与别人不一样，我看大就不聘小。

郭阁老：（白）使不得，使不得啊。

陈二红：（生气地）（白）你愿意也得愿意，不愿意也得愿意，聘礼放下，你要小心了，哼！走！

（陈二红带家丁下）

郭阁老：（白）糟了，糟了啊——

（郭阁老下）

（郭美荣的丫鬟上场）

丫　鬟：（唱）小丫鬟厨房把茶烧，
　　　　　　陈二红聘亲他来了
　　　　　　今天不上哪里去，
　　　　　　去给姑娘说根苗。
　　　　　　大跑小跑往前跑，
　　　　　　高楼不远来到了。
　　　　　　手扶栏杆把楼上，
　　　　　　姑娘哎你要细听着——
　　　　（白）姑娘给你道喜了！

郭美容：（白）喜从何来啊。

丫　鬟：（白）我在厨房烧茶的时候，听到陈二红来聘亲了。陈二红说要聘你，老爷说大闺女早有门当户对，三年前女婿让我打出府门亲事还没断，你要聘就聘二闺女吧。陈二红说了：我见大不聘小，一定要聘你大闺女，我今个把红缕彩缎撂下，八月十五定亲，九九重阳一定来搬亲。

郭美荣：（白）天哪！

　　　　（唱）耳听丫鬟报缘姻，
　　　　　　活活吓死女千金。
　　　　　　我一人怎许两个主，
　　　　　　我一女怎嫁两个人。
　　　　　　我死了吧，死了吧，
　　　　　　三魂缈缈命归阴。

（郭美荣哭哭啼啼去上吊，小丫鬟拉着问原因。）

丫　鬟：（白）姑娘你要干啥？

郭美荣：（白）我要寻死去啊。

丫　鬟：（白）你为什么要死？

郭美荣：（白）我这许配给两家子人，我不死又能怎样啊？

丫　鬟：（白）你甭死，我上大街上给你找个算命先生来算算，俺姑爷要是死了，你死我也死；姑爷要是不死呢，咱就等着。

郭美荣：（白）那就去请先生去吧

（郭美荣与丫鬟一同出绣楼，边走边齐唱小曲）

郭美荣　丫鬟：（同唱）千金小姐下门楼，

　　　　　　　　下来门楼整乌云。

　　　　　　　　怨爹娘，好狠心，

　　　　　　　　不该说给一男门，

　　　　　　　　好恼人啊——

　　　　　　　　早晚能见刘郎君，

　　　　　　　　三尺白绫染成黄，

　　　　　　　　走着坐着怨爹娘。

　　　　　　　　俺走着也思想，

　　　　　　　　俺坐着也思想，

　　　　　　　　思想刘郎不还乡哪，

　　　　　　　　泪汪汪啊——

　　　　　　　　早晚能见我的刘郎。

丫　鬟：（白）姑娘，到花园了。

郭美荣　丫鬟：（同唱）千金小姐进花园，

　　　　　　　　茫然抬头四下观，

　　　　　　　　蓬莲子，颠倒颠，

　　　　　　　　东园观到西园，

　　　　　　　　一溜撒金钱哪啊——

丫　鬟：（白）姑娘，你在凉亭里等着，我去给你请先生去——

（刘桂臣一身算命先生的扮相上场）

刘桂臣：（白）我巧妆改扮，扮一算卦先生。天色不早，我宁波走一走——

（唱）刘桂臣京邦里领圣旨，
　　　私访要到宁波城。
　　　迈开大步往前走，
　　　宁波不远看得清。
　　　随人俺把城来进。
　　　前面来到大街上，
　　　我把竹板来拿过，
　　　打一竹板喊一声。
　　　打一个进庄三进庄，
　　　浙江宁波访七访。
　　　打一个进城三进城，
　　　浙江宁波访奸佞。
　　　东门访访郭阁老，
　　　南门访访陈二红，
　　　西门访访刘武举，
　　　北门再访老蔡戎。
　　　四大官员都访过，
　　　哪家奸来哪家忠。
　　　要是忠良倒罢了，
　　　是奸臣我叫他铜铡底下归阴城。
　　　刘桂臣来到大街上，

我把竹板拿在手,
打一竹板喊一声:
算卦来——
年老的人来算卦,
我算他阳春能活多少冬;
要是学生来算卦,
我算他功名何时成;
二八大姐来算卦,
我算她许配什么相公。
北海能算多少里,
北山能算山几层。
乌鸦打我当头过,
我能算它几根翎。
刘桂臣算卦,
在大街上——

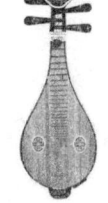

(丫鬟来到大街寻算命先生)

丫　鬟:(唱)绣楼领了姑娘令,
　　　　　我到大街请先生。
　　　　　出了大门往前走,
　　　　　前头来到大街中。
　　　　　我东街找完西街跑,
　　　　　没见一个小先生。
　　　　　丫鬟万般无其奈,
　　　　　我站在大街喊一声——
　　　(白)哎,算命先生哎——

你奔你娘来。

刘桂臣：（白）（自言）哪有这样请算命先生的？我得对她。

哎，请先生的，奔你爹来。

丫　鬟：（白）这是谁啊，想赚我便宜来。

算命先生来，奔你姨来。

刘桂臣：（白）请先生的，奔你姨夫来。

丫　鬟：（白）算命先生，奔你姑来。

刘桂臣：（白）请先生的，奔你姑夫来。

（丫鬟奔到刘桂臣跟前，举手要打他）

丫　鬟：（白）我得打你。

刘桂臣：（白）你打我干么？

丫　鬟：（白）你怎么赚我便宜来？

刘桂臣：（白）哪有你这样请先生的？你是哪个府的？

丫　鬟：（白）我是郭府的。

刘桂臣：（白）你是里郭还是外郭？

丫　鬟：（白）哪还有里郭外郭？

刘桂臣：（白）里郭就是郭阁老啊

丫　鬟：（白）我就是郭阁老府上的。

刘桂臣：（白）你请先生给谁算命啊。

丫　鬟：（白）给俺姑娘。俺姑爷三年前去京赶考至今没来，俺姑娘要死要活的，我来请先生给算一算，俺姑爷他还在不在。

刘桂臣：（白）那咱走，你带我走。

（丫鬟带刘桂臣来到绣楼前）

丫　鬟：（白）（对刘桂臣）你站在这里别动。（对绣楼里）姑娘，先
　　　　　　生我给你请来了。

郭美荣：（白）请来了啊，让他在外面坐，你把竹帘撒下。丫鬟你请
　　　　　　先生来了，请了个有眼的还是没眼的啊。

丫　鬟：（白）我的娘哟，我和他走一路也没看有眼没眼啊。你要干
　　　　　　什么啊？（转头问刘桂臣）你有眼没有眼啊？

刘桂臣：（白）我有眼啊

丫　鬟：（白）姑娘，他有眼。

郭美荣：（白）有眼，眼管用不？

丫　鬟：（白）你眼管用不？

刘桂臣：（白）我的眼哪，

　　　　　（唱）往东望到东洋海，

　　　　　　　　往南望到落杞山；

　　　　　　　　往西望到灵隐寺，

　　　　　　　　往北望到饮马泉。

　　　　　（白）十里路掉根针我都能捡起来，

丫　鬟：（白）姑娘啊，他是好眼。

郭美荣：（白）奥，是好眼啊。

丫　鬟：（白）先生啊，那你就给俺姑娘算命吧。

刘桂臣：（白）摇动金钱响，

　　　　　　　　神鬼安八方，

　　　　　　　　要问吉凶事，

　　　　　　　　就在此卦上。

　　　　　（唱）天为刚邦地为蛇，

男为金风女为花。

花园遇见郭大姐,

又好比铁树重开花。

郭大姐请我来算命,

我喜在眉头笑心中。

自己给自己来算命,

哪有什么算不成。

左边挂上新黄历,

右边挂上小礼行;

面前摆着老黄历,

炉中火压注百种经。

（白）贵人姐姐,你是上三课讲命?是下三课讲命?是中三课讲命?

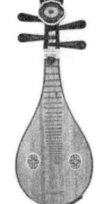

郭美荣:（白）何为上三课、下三课、中三课?

刘桂臣:（白）上三课为父,下三课为母,中三课为你本身讲命。

郭美荣:（白）俺是中三课讲命。

刘桂臣:（白）贵人姐姐你是算大命呢还是算小命呢?

郭美荣:（白）何为算大命?何为算小命呢?

刘桂臣:（白）男到三十为大,女到八十为小。

郭美荣:（白）先生俺是算大命。

刘桂臣:（白）算大命是属什么的?

郭美荣:（白）是属虎的。

刘桂臣:（白）是属虎的,我给你查一查。

（唱）正蛇、二鼠、三月猴,

四犬、五兔、六月牛,

七猪、八马、九羊未,

十月老虎站山头,

十一月里更鸡叫,

腊月老龙不抬头。

（白）还得按六十甲子查一查

（唱）甲子已丑海中金,

丙寅丁卯炉中火,

此人是为寅年生人炉中火命,

上原甲子依官看,

中原其训下对寻。

男五者二女五为八,

双美上等子孙行。

巳庚之岁五为头,

甲子之年丙作首。

丙寅反把庚辛起,

丙寅寅文顺行流。

午癸年前和风起,

正月反收甲任头。

甲巳还生甲巳庚丙作初,

为辛拆五子,

上言并不须。

辛为天干分为监,

难得八字要报清,

报清八字算天命,

报不清八字算不灵。

（白）但不知什么时候生人？

郭美荣：（白）是辰时生人。

刘桂臣：（白）一时分八刻，上八刻下八刻中八刻，我给你算算。

（唱）子午卯丑面四方，

　　　寅申己庚四不象，

　　　辰戌丑未主慢长。

（白）要按上三刻生人，脸大大的，说话嗡仁的；要按下三刻生人，此人漫长脸，尖下磕，根扎得好，在学堂里三丈二尺深，命不好，我给你查查。

（唱）此人八字生来俗又俗，

　　　先妨爹娘后妨叔。

　　　搬到寺里妨长老，

　　　搬到庵里妨尼姑。

　　　全家老少妨干净，

　　　末了还妨死他亲姑夫。

郭美荣：（白）他命毒怎么能妨死姑夫，与他姑夫什么相干？

刘桂臣：（白）此人命毒不过是这么说法

（唱）一岁行庚两岁通，

　　　三四岁上不太平，

　　　五六岁上交好运，

　　　到了七岁动哭声。

（白）可见着出了事没有？

郭美荣：（白）他爹娘死了可算数呀？

刘桂臣：（白）他爹娘死了不算数，难道说他丈母娘死了才算数吗？

郭美荣：（白）与他丈母娘什么相干？

刘桂臣：（白）不过是这样说法。

（唱）此人时不至来运不通，

　　　手拿草把去撞钟。

　　　　　人家撞得叮铛响，
　　　　　临到他撞钟不出声。
　　　　　撞着撞着草把乱，
　　　　　草把撞得乱哄哄。
　　　　　七五十二该他死，
　　　　　他应该千里投亲冲一冲。
　　　（白）此人在家不好出外才好。此人是在家还是在外呀？

郭美荣：（白）从东昌府聊城县到浙江省宁波算不算呀？

刘桂臣：（白）府见府，两千二百五。

郭美荣：（白）先生你去过吗？

刘桂臣：（白）我没走过路程，但我看过路程单子，东昌府在北，浙
　　　　　江宁波在东南，西北为乾，东南为坤，我给你查一查
　　　　　走得好不好。

　　　（唱）乾、坎、艮、震、巽、离、坤、兑，
　　　　　乾三连，坤路短，
　　　　　离中虚，坎中满，
　　　　　兑上缺，巽下断，
　　　　　好个九宫八卦连环阵，
　　　　　压赛铜头铁坝关。

　　　（白）这回走得不好，走个马扎巽地。

郭美荣：（白）前走呢？

刘桂臣：（白）白虎挡道。

郭美荣：（白）后退呢？

刘桂臣：（白）朱雀在怀。

郭美荣：（白）两边闪呢？

刘桂臣：（唱）前朱雀，后玄武，左青龙，右白虎，打个白虎当头座，

无福也有祸。

（白）他好比铁罗汉掉到井里去，躲也躲不过。

郭美荣：（白）有什么破解吧？

刘桂臣：（白）朱雀朱雀，小人挑拔；戳得两头闹乱子，他在当中笑呵呵。

（唱）他好比一条龙困沙滩，

一边有水一边干。

有朝一日龙得水，

东洋大海撒撒欢。

任凭跑得有多快，

棍棒打腿在眼前。

（白）贵人姐姐，三年前来投亲，挨打没有？

郭美荣：（白）退任阁老打了二十大棍算不算啊？

刘桂臣：（白）退任阁老打二十大棍不算，难道叫万岁用金龙玉棍打才算吗？打了多少啊？

郭美荣：（白）打了二十。

刘桂臣：（白）再打二十才好啊

郭美荣：（唱）打二十疼得俺抱块土基到门后头啃，疼得俺啃土扒沙把牙切。

刘桂臣：（白）贵人姐姐你是脑后盯枣胡，你是疼女婿小纂。但不知是什么时候打的？

郭美荣：（白）是早晨起来扎腿带的时候打的。

刘桂臣：（白）是扎腿带的时候打的，我来查一查。

（唱）有一天阙少官地，

有官地阙少三才，

有三才阙少四柱，

有四柱阙少五行，
有五行阙少六爻，
有六爻阙少七星，
有七星阙少八卦，
有八卦阙少九宫，
有九宫阙少十干。

（白）一天二地三才四柱，五行六爻七星八卦九宫十干，也没有这扎腿带的时候。很多庄户人早更起来就扎腿带，也有太阳到东南上送饭下湖看看扎没扎腿带，那时候扎也是个时候，这就很难说准时间了。

郭美荣：（白）那一天俺在楼上刚起来扎腿带，丫环上楼说投亲之人挨打之事的，我推开窗户一看，东边太阳冒红，就是那个时候。

刘桂臣：（白）是什么天气？

郭美荣：（白）是二月天气。

刘桂臣：（白）这就有时辰了。二八月，昼夜相庭，日初为卯，打了正好。

（唱）他是炉中火命，打一棒，上一上，早晨起来打一个太阳见太阳，喜事连三场，有妻生贵子，无妻娶偏房。

郭美荣：（白）先生他还没有一个来。

刘桂臣：（白）未到时候，到时双娇临门，人家还不要呀。中午打个平平的，下晚打得不好，打个太阳见太阳，买卖争分文，日落挨了打还怕命不存。打他时可见什么宝贝在身没有？

郭美荣：（白）一只金镯、三十两白银算不算呀？

刘桂臣：（白）寸金就为宝。他带这些银子上哪去的？

郭美荣：（白）他上京赶考的。

刘桂臣：（白）他去赶考，北京属于燕山。虎奔深山才得安然，京邦赶考必得高官。这到当为登个卦礼。

郭美荣：（白）先生你要多少钱哪?

刘桂臣：（白）贵人张口，一定拿得出手。

郭美荣：（白）就给你一钱银子吧。

刘桂臣：（白）好大的口气，给一钱。

郭美荣：（白）给两钱。

刘桂臣：（白）不够算的。

郭美荣：（白）给你三钱。

刘桂臣：（白）不够本。

郭美荣：（白）你这不用本钱。

刘桂臣：（白）怎么不用本钱呢，俺是从小请先生在家教的，还能不用钱啊。

郭美荣：（白）好，那就给你五钱银子。哎哟，丫环，快快扶我回楼去吃鸡丝面去。

刘桂臣：（白）贵人姐姐止步，你还五钱银子就还回楼吃鸡丝面去。你这是牛耳朵靠角（家）近。骗俺在外边打下当子。有钱吃饭打不下当子，俺好比小老鼠跑进书箱里就啃本了。那好吧，我往天算大不算小，算男不算女，算双不算单，今天我高兴了，把你的命相说来，给你算算吧。你属什么的?

郭美荣：（白）好吧，我属猫的。

刘桂臣：（白）我给你查查。子鼠、丑牛、寅虎、卯兔、辰龙、巳蛇、午马、未羊、申猴、酉鸡、戌犬、亥猪，十二属相里没有属猫的。

郭美荣：（白）你可知炕头狸猫？

刘桂臣：（白）坐地虎。

郭美荣：（白）虎身上没有毛吗？

刘桂臣：（白）对对对，虎身上有毛，但不知是多大的虎？

郭美荣：（白）我与他是"二牛下田"。

刘桂臣：（白）"二牛下田"那是同耕。你们两人一般大，不知犯克不犯克。我来查查。

（唱）猪犯猿猴澄水秋，

自来白马背青牛；

兔子怕的云中雾，

更鸡见犬泪交流；

蛇见老虎千刀剁，

羊鼠相会一旦丢。

男命刚，女命强，

二人一定赛金刚。

二十一岁不能生子，

到三十二岁有个儿子叫晚来。

郭美荣：（白）我撕你先生的嘴

刘桂臣：（白）贵人姐姐，你不要拿我的口错。因为在街上给一位大嫂算命，我算来算去，她是没有儿子的命。我看她一脸不悦一脸愁。后来我想起柳先生，我说"卦好卦好，两个闺女五个小。"到后来，七亲公婆十四个腚瓣子坐满床沿子，我没给翻过这一章。可好了，我把老爷三千年神课翻出来了。是到当为登登卦礼了。

郭美荣：（白）先生，丫环回楼拿银子去了还没回来，俺先借你的，回来加利还你行吧？

刘桂臣：（唱）先生生来性耿直，
从来不图小便宜。
借俺九九还九九，
借俺加一还加一。
打个坐山丁字摇，
腾云驾雾宵。
一只手扑着卦头，
一只手扑着卦尾，
叫它一场好蹦。
蹦出天罗纲，
跳出九云宵，
京邦赶考步步登高。
头戴乌纱，
身穿蟒袍，
足蹬朝靴，
玉带横腰，
巡案出朝，
地动山摇，
怀揣康宁四字替主代劳。
一块玉印压不住，
两块玉印才正好。
贫先生帘外连喝三声彩，真正是好命啊。

郭美荣：（唱）在帘内半喜半忧郭美荣，
怎得看见相公面？
我得把先生盘问清！
（白）先生，俺们拉拉呱来。

刘桂臣：（白）俺是出来算命的，拉呱给几个钱啊？

郭美荣：（白）那我也给你五钱。

刘桂臣：（白）好，那我的呱可多着啦。

郭美荣：（白）我的钱也广着了。

刘桂臣：（白）那我讲了。

郭美荣：（白）我问你天下几省？

刘桂臣：（白）天下十三省。

郭美荣：（白）你游走几省？

刘桂臣：（白）我走过十二省半。

郭美荣：（白）那半省你怎么没走啊？

刘桂臣：（白）那半省我有三月病，被有福人占去了。

郭美荣：（白）你在这些省里有朋友没有啊？

刘桂臣：（白）我在外，吃的朋友，喝的朋友，全指望朋友帮打架。

郭美荣：（白）十三省你在哪个省里时间长？

刘桂臣：（白）我在东昌府聊城县过得最长。

郭美荣：（白）那里可有朋友？

刘桂臣：（白）那可多着啦。

郭美荣：（白）你讲给我听听。

刘桂臣：（白）那——拉呱给五钱银子，这拉朋友给几个钱？

郭美荣：（白）拉朋友也给你五钱。

刘桂臣：（白）那我的朋友多着呐。

郭美荣：（白）我的银子广着呢。

刘桂臣：（白）我今天要发财，贵人姐姐你听——

　　　　　（唱）头一个朋友于彩富（一个啦），

　　　　　　　　第二个朋友海钢锋（两个啦），

　　　　　　　　河南中了马三保（三个啦）

邱于林住在诸城（四个啦）

郭美荣：（白）你怎么一个一个数着说呢？

刘桂臣：（白）当然得数着啦，少说一个是五钱银子呢。

郭美荣：（白）那不行，你得两个两个说。

刘桂臣：（白）只要你有银子我就有办法挣啊。

（唱）亭秀文秀弟兄俩（五个六个啦）

京郎胡郎俩弟兄（七个八个啦）

第九个朋友有名姓，

本是山西邹彦龙。

十个朋友讲九个，

跟着讲到自己名。

自己名字我不讲，

憨憨丫头郭美荣。

十个朋友讲九个，

五两银子我高高称。

郭美荣：（唱）白银花了五两整，

就是不见刘相公。

要是见得相公面，

俺把先生盘问清。

（白）先生，你把俺银子哄去了。

刘桂臣：（白）怎么哄你的银子了？

郭美荣：（白）怎么不哄的，朋友你讲九个四两五你却要五两，还少一个呢，讲全了才能给你五两银子呢，你这不是骗子吗？

刘桂臣：（白）我不是骗你的，只因为这一个朋友太难看，又瘸腿，太丑了，不想说他。

郭美荣：（白）交朋友不能谈朋友错，谈朋友错是大家错。

刘桂臣：（白）我知道，那，我要讲这个朋友能给几个钱呀？

郭美荣：（白）那，我给你一两。

刘桂臣：（白）好，那我就讲了。

郭美荣：（白）这样讲可不行。

刘桂臣：（白）怎么样讲才行呢？

郭美荣：（白）那得这样讲。他家住哪里，姓何名谁，爹什么名，娘什么氏，弟兄排行人几名，再问老丈人是哪里，床上媳妇丑俊胖瘦，脸黑脸白，脚大脚小。

刘桂臣：（白）我的天哪，交朋友能知伯父母多大了、几口人倒可以，哪有去问媳妇是哪庄上、脸黑脸白、是胖是瘦、脚大脚小的？

郭美荣：（白）不这样说就没有银子。

刘桂臣：（白）好，贵人姐姐只要你有银子，我连他小姨子名字都知道。

（唱）提起此人家居住，

他住在东昌府聊城县十字大街住北门。

伯父名字刘百万，

家娶伯母尹太真。

未生多男并多女，

所生一子刘桂臣。

郭美荣：（白）先生，你说一个刘桂臣，我就给你一两银子。

刘桂臣：（白）好。

（唱）东来的刘桂臣，

西来的刘桂臣，

南来的刘桂臣，

　　　　　　　北来的刘桂臣，

　　　　　　　天上掉下来个刘桂臣，

　　　　　　　地下冒出来个刘桂臣。

　　　　　　　刘桂臣刘桂臣，

　　　　　　　看你能给我多少银。

郭美荣：（白）哎哟，你不要命啦。

刘桂臣：（白）要想把钱挣，还得不要命。

郭美荣：（白）你这样说不行，你得半个嘴说他的事，那半个嘴说出刘桂臣。

刘桂臣：（白）哎哟，因为挣几个钱还得长两张嘴来。

郭美荣：（白）不这样就不给。

刘桂臣：（唱）七岁死了他的母（刘桂臣），

　　　　　　　十二岁死了他父亲（刘桂臣）。

　　　　　　　万贯家业烧干净（刘桂臣），

　　　　　　　浙江宁波去投亲（刘桂臣）。

　　　　　　　岳父不把他来认（刘桂臣），

　　　　　　　二十棍打跑刘桂臣，

　　　　　　　打罢前门不让走（刘桂臣），

　　　　　　　走花园遇见郭千金（刘桂臣）。

郭美荣：（白）先生，你说一个郭千金我就给你一两金。

刘桂臣：（白）听，东来的郭千金，西来的郭千金我……

郭美荣：（白）好了，这样说不行，还得半个嘴说郭千金，半个嘴说刘桂臣，当中再拉你江湖道上的呱，才行来。

刘桂臣：（白）贵人姐姐，只要你有银子，我就有办法挣啊。

　　　　　（唱）刘桂臣行走花园里（刘桂臣郭千金），

　　　　　　　两人见面泪纷纷（刘桂臣郭千金）。

　　　　　　（白）行吧
郭美荣：（白）这样行。
刘桂臣：（白）给他银子去赶考（刘桂臣郭千金），

　　　　　　他八府巡案得在身（刘桂臣郭千金）。

　　　　　　说上九个刘桂臣，

　　　　　　送上几个郭千金。

　　　　　　我看你能给我多少金来多少银。

郭美荣：（唱）白银花了整十两，

　　　　　　买来山东刘桂臣。

　　　　　　每件事情都明白，

　　　　　　就是见话不见人。

　　　　　　要想见着刘公子，

　　　　　　再把先生细盘问。

　　　　　　（白）先生，我问你，这十个朋友当中你跟哪个朋友处得最好？

刘桂臣：（白）我跟俺刘大哥处得最好，我临来时，他叫我带件东西给刘大嫂。

郭美荣：（白）你刘大嫂叫什么名字？

刘桂臣：（白）叫——叫抬不动，不对，叫郭千金。

郭美荣：（白）什么东西？在哪里？能给我看看吧？

刘桂臣：（白）你要看，在那个包里，你自己看去吧。

郭美荣：（唱）忽听先生说的话，

　　　　　　这旁喜坏郭美荣。

　　　　　　打开包袱仔细看，

　　　　　　闪出来一件东西黄澄澄。

　　　　　　仔细看原是皇家物，

一边凤来一边龙。
此人掌得条子印,
不是巡案是行厅。
一边放只紫金镯,
上边还有我的名。
不用人说我知道,
这先生就是刘相公。
死先生,不老诚,
装猫变狗吓唬奴。
金镯相见人相见,
金镯相逢人相逢。
走到近前开言道,
我连把他呀他呀叫几声。

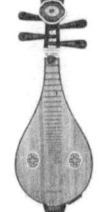

刘桂臣:(白)你怎么他呀他呀的。

郭美荣:(白)那我叫你什么?

刘桂臣:(白)你应该叫我……叫我……

郭美荣:(白)我叫你巡案大老爷是吧?

刘桂臣:(白)小姐,不要叫了,你我夫妻相会,明日登了察院,拿住贪官污吏,给百姓申冤也就是了。

郭美荣(白):官人!

刘桂臣(白):娘子!

合:请!

三、尹桂霞口传经典传统"篇子"

篇 子
（尹桂霞口传）

篇子，柳琴戏最初的演唱形式，也可以说柳琴戏是由篇子逐渐丰富演变而来。

在最早的说唱时期，半农半艺的贫苦农民在农闲时，以一家一户或一二人结伴，走乡串里"唱门子"乞讨。唱的节目被称为"篇子"。篇子多反映农村生活。此时的沿门说唱，既无弦乐伴奏，也无服装道具，只有演唱者以板或梆子自打节拍。

其形成过程，最初只是由单人或双人清唱的曲艺，艺人称为"唱门子"或"跑坡"。他们手持竹板或梆子敲打节奏，"用八句"（即："娃娃"）唱单篇子，内容多为民间故事，篇幅可长可短。为表现更多的人物，又衍变出一种由一人赶扮几个剧中人物的演出形式，称当场变或抹帽子戏。经历了抹帽子戏的过渡之后，组成了七忙八不忙，九人看戏房的戏班，这时已采用柳叶琴伴奏了。并且增加了行当，丰富了剧目，又吸收、借鉴京剧及梆子戏发展了自己的音乐伴奏和表演艺术。

篇子是极其简单的即兴表演，唱词自由，曲调丰富。拉魂腔约有篇子近二百个。如今柳琴戏还保存着若干"压场篇子"，即正式演出前安定观众的歌舞，唱词较短，有无故事情节皆可。在许多篇子里面，有的有故事情节，有的没有故事情节。这些"篇子"，拉魂腔艺人公认是拉魂腔的基础。从最初上门乞讨的"唱门子"，到摆地摊唱"篇子"、到对子戏、抹帽子戏、班社、一直到专业剧团。柳琴戏就是这么一路走来的。

如今，除了少数柳琴戏老艺人还会唱篇子，青年演员很少有人会唱篇子了。尹桂霞出生在柳琴戏世家,她从小学习柳琴戏最初就是从学唱篇子开始的。她的爷爷尹成潭、父亲尹作春,叔叔尹作俊都是著名的拉魂腔艺人。尤其是她的爷爷尹成潭,喜爱学习,勤于钻研,精通韵律,能编曲、善作词,是早期唯一懂得"十三辙",并能依照韵律规范剧目文词和演唱技巧的拉魂腔艺人。尹桂霞会唱的篇子很多是他爷爷创作并流传下来的。

下面的部分篇子,就是根据尹桂霞的演唱整理出来的。

1. 街头流氓篇子

抬起头来用眼观,
打那旁来了一个女天仙。
我看她,
黢黑的头发如墨染,
鱼鳞辫子脑后悬。
脸不搽官粉自来俊,
樱桃小口嘴点胭。
一对秋波银河滚,
一对眉毛似月弯。
杨柳小腰提留细,
小金莲不过三寸三厘三毫三。
卖菜的见了这女子,
一斤要人四两钱。
卖布的见了这女子,
正撕大红裂老蓝。
剃头的见了这女子,

粘上刀子抽袋烟。

2. 学生放学篇子

赵钱孙李曾子曰，
孔夫子周游列国来教学。
夫子留下圣人语，
才子出口念子曰。
我念一个一字一道河，
二字双双横驮着。
念个三字三条剑，
四字有口门关着。
念个五字叠膝跪，
六字三点一横河。
念个七字翘罗腿，
八字娥眉两分着。
念个九字金钩挂，
十字拦腰把枪托。
正念十字还好念，
倒念十字正难学。
十字头上加一撇，
念千字，
儿行千里母挂着。
九字怀中抱日字，
念旭字，
家人旭（虚）情假意多。

八字底下写刀字,
念分字,
夫妻双双两分割。
七字头上写白字,
念皂字,
皂罗袍上绣花朵。
六字旁边写女字,
念妖字,
东游西游出妖魔。
五字旁边写木字,
念梧字,
好个梧桐树一棵。

四字底下写马字,
念骂字,
张生大骂女娇娥。
三字中间放一竖,
念王字,
王莽篡位乱朝阁。
二字中间写人字,
念夫字,
夫妻双双过日月。
一字拦腰放一竖,
念十字,
十年寒窗苦尽学。

3. 小丑（三花脸）篇子

闲来无事去放马，
怀里揣着两块瓦。
打了瓦，跑了马，
跑马跑到丈人家。
大舅子，往家拽，
小舅子，往家拉。
往家拽，往家拉，
堂屋里面客坐下。
大舅子媳，
唧哩嘎，唧哩嘎，
唧哩嘎嗒又嘎嗒，
唧哩嘎嗒干什么？
唧哩嘎嗒切酱瓜。
二舅子媳，
忽忽啦，忽忽啦，
忽忽啦啦干什么？
忽忽啦啦倒上茶。
这摆上，
大炒鸡，小炒鱼，
咚咚哝哝是粉皮，
东南湖里熬唧哩。
这上上，
韭菜花，辣疙瘩，

莴苣薹子咸黄瓜。

酒过三巡菜五味,

我滴娘哎,

我隔着窗棂望见她。

(问)望见谁了?

望见你丈母奶奶了?

(答)老了。

(问)望见你大姨子了?

(答)快了快了。

(问)望见你小姨子了?

(答)过了过了。

(问)望见你媳妇了?

(答)我的娘来——

(问)你怎跟你媳妇叫娘的?

(答)我叫娘,你看着得叫奶奶!

4. 丑角(三花脸)篇子

走路边,两眼撒,

路边闪出好人家。

堂屋只有一间半,

门口草垛一小掐。

大儿子,

头上无毛是秃子;

二儿子,

两眼抹黑是双瞎。

三儿子，
既不秃来也不瞎，
四十五岁才会爬。
三个儿子说过去，
家里还有一枝花。
找个婆家要出嫁，
身子胖得出不了门，
套着水牛往外拉。
大姐迈腿上了轿，
四个抬轿的龇了牙。
大姐放了个双实屁，
四个抬轿的撂倒仨。
这个屁，放得高，
放到南园柳树梢。
两个斑鸠来抱窝，
一屁呲得没有毛。
这个屁，鼓又鼓，
放到南边开封府。
三千瞒子来栽稻，
一屁呲倒两千五。
还有五百没呲死，
个个眼里夹沙土。
亲娘妈妈你饶了我，
再要抬轿我是王八。

5. 苦难篇子

在家中好日子不得好过,
出了门天罗网将俺盖着。
我奴家奔天堂天堂无路,
我奴家奔地狱地狱迷穴。
望海楼,倒塌脚,
船到江心封了河。
我也曾奔蓝桥蓝桥水涨,
我也曾奔庙门庙门落锁。
说声苦,珠泪如梭,
黄连木刻木人苦人苦月;
说声苦,珠泪如梭,
我好比浮萍草流落哪河?

6. 苦难篇子

只走得,是可怜,
洋气滔滔难行船。
出门人难担锅碗担,
头上难顶屋三间。
离家走了多少里,
喝口凉水告艰难。

7. 欢喜篇子

正走着正行着和风飘荡,
撒金线,
一园花一园柳,
桃花红杏花白李子鲜亮;
前来到养鱼塘,
只卧着二鸳鸯,
有一对在池塘交颈戏水,
有一个只哭得苦苦伤凉。
说声好,好个风光,
风光再好不久长;
说声好,好个风光,
走过春天又到夏凉。

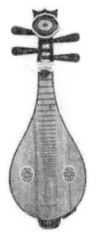

8. 走路篇子

只走得,
一轮明月照红梅,
二仙传道把洞归。
三娘磨房深受罪;
四娘踩月无从回。
五里五棵梧桐树,
六里双跨两座得。
七里舟桥少人走,
八宝庄上雁起群。

只走得，

十字街前静悄悄，

九江渡口船抛锚。

八里荒庄少人走，

七经越过赵州桥。

六不大人门了请，

五凤楼上更鼓敲。

四门闭上花冠锁，

三星全木曾木高。

两棵刺松遮日月，

我走得，

一轮明月照花梢。

9. 夜行篇子

什么人，

行走荒郊奔路忙；

又听见，

万种秋吟痛凄凉。

看只看，

只鹰哑死蛇当道，

层叠叠，

怪石如虎卧路旁。

忽啦啦，

身旁惊起更宿鸟，

忽蹋蹋，

身子右边跑狍獐。
又听见,
大涧淌水冲小涧,
忽呲呲,
山水流落响叮铛。
又听见,
遥远钟声叮铛响,
便知道,
安官寺院与庙堂。
眼看着,
一黑一白天明了,
红彤彤,
一烛金轮出东方。
见多些,
行路君子辞店主,
见多些,
挑葱卖菜担肩旁。

10. 达官篇子

前三皇后五帝年事有远,
有尧舜和禹汤四大名贤。
周文王夜梦着飞雄扑面,
他上哪温水河去访大贤。
姜子牙只坐在驹辇之上,
有文王去拉纤红绳来牵。

拉八百单八步驹辇停转,
到后来姜子牙保江山八百八年。

11. 梳妆篇子（老年人）

单素贞在高楼方才落座,
唤上来小丫鬟伺候与我。
象牙梳乌木拢荒忙拿过,
甩开了青丝发重梳另握。
想当年年二八身体苗娜,
现如今眼角上打囊折三十还多。
穿一件大夹袄木墩端坐,
有一条百折裙腰是勒着。
小金莲我给它重放另裹,
找一双绿色鞋穿上二脚。

12. 黑驴段（三花脸篇子）

我留得——
春,
春宵一刻值千金,
花有青香月有阴。
个馆楼台生稀隙,
秋千雁落夜沉沉。
夏,
入鸭池塘水先抻,

逢云天气半晴阴,
东园宅酒西院醉,
宅旧皮纹一树金。
秋,
雨露凋霜枫树林,
屋山乌鸦齐啸春。
当天波浪当天涌,
虽上风云结地阴。
冬,
有梅无雪不精神,
有雪无梅折来人,
日没十成天有雪,
域门并坐十分春。
正是学生来作诗,
得——
打南边来了个小黑驴。
说黑驴,道黑驴,
黑驴长得有意思。
白尾巴梢,
白屁门,
雪里站着四个白蹄,
取名就叫穿金白。
金鞍子,银蹬子,
檀香木的驴轴棍。
俺往驴身上细观看,
驴身上坐着个小佳人。

上梳高挑元宝纂,
银人瓦子插鬓门。
上面穿个毛蓝褂,
下面勒个百折裙。
再往后面仔细看,
前面来个小光棍。
说光棍,道光棍,
说他十九有二十。
后面跟个小小子,
小小子,
走路东,跑路西,
路东路西扑蚂蚱。
再往后面观瞪看,
后面来了个小瞎子。
手里拿个明杆子,
走路东,戳路西,
单戳光棍的脚后跟,
要问几个哪里去,
一家四口过对门。
再往前走抬头看,
来到丈人的府大门。
出来了,
大舅媳子二舅媳子和妻侄,
七姑娘,八大姨,
加上干娘六妗子,
不相干的仁侄女,

顶着两桶黄鼻涕。

13. 丫鬟篇子

小丫鬟，本姓黄，
要嫁东庄刘二逛荡。
正月提亲二月娶，
三月生下个小儿郎。
四月会爬五月走，
六月叫爹又叫娘。
七月送到南学里，
八月开讲念文章。
九月初九去赶考，
十月中了个状元郎。
十一月里把官坐，
腊月告老还家乡。
三十晚上得了病，
大年五更出了殃。
不知此人命中怎么样，
一辈子没喝饺子汤。

14. 劝人篇子（贪花段）

言的是，
露水夫妻不久长，
句都是，

沉泥枯海水茫茫。
休拿着,
月容花貌当奇遇,
交杯酒,
点点吃得迷魂汤。
休把那,
鲜花野草当美景,
劝宁公,
不可去住花柳行。
俏佳人,
包得好比懵郎网,
镀金簪,
好比刺郎一杆枪。
梨花面,
胜于牛头和马面,
樱桃口,
能舔骨肉两分张。
杨柳腰,
好比绑郎将军柱,
小金莲,
勾魂驱命上牙床。
为交欢,
要一凤食能许二,
过了时,
东奔西波到处忙。
有了钱,

摇头晃膀充假脸，
没有钱，
前门送李后门送张。
在院中，
肉山酒海逛逛悠，
岂不知，
你步步走的凯望乡。
若还是，
我说这话你不信，
你听我，
几对古人说比方。
殷纣王，
信宠妖妃妲己女，
孟悠度，
大战一通灭陈汤。
周幽王，
千金难买报私孝，
看煞人，
东折周贤坠王纲。
楚平王，
武道贪身哪儿劫，
身死后，
鞭尸八百臭名扬。
有一个，
千妖百媚西施女，
她在那，

姑苏台前迷武王。
三国中，
吕布董卓平汉庭，
王司徒，
定下连环计悲伤。
白门楼，
三人曾把吕布战，
老董卓，
贪恋貂婵一命亡。
我劝你，
改邪归正守本份，
回家中，
堂前孝敬二老娘。
到家中，
堂前孝顺双父母，
强似泰安远路烧长香。

15. 丑角篇子（蚂蚱段）

小蚂蚱本是土中生，
前脚能爬后腿蹬。
十八天，大红头，
张着膀子能嗡嗡。
一翅子飞到垂杨柳，
去找知了灵先生。
知了给我算一卦，

你算我早晚大运通。
知了说，
要得我给你来算卦，
你生辰八字要说清。
蚂蚱说，
我生在，
五五年，五五月
五月端午午时生。
知了说，
正二三月没有你，
大估约你是四月生。
五六月里交好运，
七月八月大运通。
九十月你倒了霉，
严霜一下你活不成。
蚂蚱一听心生气，
骂声知了你不灵。
恼一恼砸你卦盒子，
怒一怒撕你百卷经。
小蚂蚱飞到湖坡里，
头脑疼疼眼圆睁。
小蚂蚱在湖坡，
身得大病，
慌坏了，
湖坡里众位宾朋。
山草驴拉骡车接医调治，

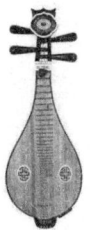

土元说，
你老汉病吃药不灵。
小蚂蚱在湖坡身亡死后，
又来了湖坡里众位宾朋。
白蝴蝶在门外高幡挑起，
小蜘蛛天井院搭下灵棚。
小蜜蜂采来花果贡摆起，
绿豆蝇大总管里外嗡嗡。
有蚊子只吹得星吹细月，
放屁虫来打鼓劈里扑通。
小青蛙只哭得投河奔井，
癞蛤蟆只哭得两眼通红。
小蟋蟀只哭得吱吱乱叫，
草里蛄哭青天腰拉孝绳。
马苍蝇在厨房米饭做好，
屎壳郎团丸子不用笼蒸。
有螳螂拉大锯解成寸板，
多了蜂拉钻眼花棺打成。
山草驴拉折腿湖坡埋葬，
在湖坡挖下坑埋了蚂蚱。

四、尹桂霞演出剧目

尹桂霞演出剧目一览表

首演年份	剧　目	出演角色
1936年	《双拐》	李梅
1937年	《半边殿》	张桂英
1938年	《三蹉寒桥》	党凤英
1938年	《钥匙记》	苏凤英
1939年	《打枣》	张氏女
1939年	《私绒记》	翠红
1939年	《站花墙》	王美然
1940年	《南京店子》	胡郎母
1940年	《打干棒》	张四姐
1940年	《闹书房》	张五姐
1940年	《小割袍》	五香女
1940年	《白罗衫》	郑月素
1941年	《挡马》	杨八姐
1941年	《钊缸》	王大娘
1941年	《英台思春》	祝英台
1941年	《劝嫁》	祝英台
1941年	《小磨房》	嫂子
1941年	《五战》	金秀英
1941年	《七桩》	媳妇
1942年	《赵匡胤送妹》	赵金姐
1942年	《北齐国》	张苗荣
1942年	《大赶脚》	赵美荣
1942年	《清风亭》	周桂英
1942年	《阴阳斗》	任桃花
1942年	《酒楼》	姜翠兰

1942 年	《小敖山》	刘金婵
1943 年	《鲜花记》	敖三姐
1943 年	《三击掌》	王宝钏
1943 年	《跑窑》	王宝钏
1943 年	《鸿雁捎书》	王宝钏
1943 年	《武家坡》	王宝钏
1943 年	《赶三关》	公主
1943 年	《马孤驴换妻》	刘三姐
1943 年	《大花园》	张美英
1943 年	《五反》	金秀英
1943 年	《割肉孝母》	孟月红
1943 年	《大金镯》	杨素贞
1943 年	《鞭打红桥》	杨素贞
1943 年	《鱼篮记》	鱼篮仙子
1944 年	《四平山》	张桂英
1944 年	《八盘山》	赵兰英
1944 年	《状元打更》	刘月英
1944 年	《大敖山》	罗凤英
1944 年	《梁山伯祝英台下山》	祝英台
1944 年	《大隔帘》	祝英台
1944 年	《小隔帘》	王二英
1945 年	《大上寿》	罗二姐
1945 年	《樊梨花点兵》	樊梨花
1945 年	《罗鞋记》	马千金
1945 年	《陈香劈山》	化三娘
1945 年	《龙凤面》	梁赛金
1945 年	《五里舟桥》	袁周同之妻
1946 年	《机房教子》	秦雪梅
1946 年	《红灯记》（老）	赵美荣
1946 年	《窦娥冤》	窦娥

1946年	《大劈棺》	田秀兰
1946年	《钓金龟》	王运英
1946年	《金刀爬城》	卢二英
1946年	《三送》	媳妇
1946年	《牧羊圈》	赵经堂
1946年	《穆桂英下西祁》	穆桂英
1946年	《吴汉杀妻》	王兰英
1947年	《四告》	皮秀英
1947年	《二堂放子》	王桂香
1947年	《王丁宝借当》	大姐
1947年	《武松杀嫂》	潘金莲
1947年	《小放牛》	村姑
1947年	《小赶脚》	小二姐
1947年	《雁门关》	碧莲公主
1947年	《黑驴驮尸》	白桂娥
1947年	《小姑贤》	李荣花
1948年	《同台会》	云秀英
1948年	《大祭庄》	黄桂英
1949年	《大割袍》	于兰英
1949年	《张郎与丁香》	丁香
1949年	《王有道休妻》	赵月霞
1950年	《压裙记》	单素贞
1950年	《秦香莲》	秦香莲
1951年	《刘桂臣算卦》	郭美荣
1951年	《雷宝同花园对诗》	贾桂梅
1951年	《大破孟州》	穆桂英
1952年	《五女兴唐传》	常秀兰
1952年	《小二黑结婚》	小芹
1952年	《王宝山参军》	小姑
1952年	《好军属》	军属

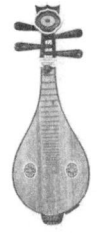

1952年	《过江讨乳》	村姑
1952年	《薛丁山借粮》	樊梨花
1952年	《九莲灯》	圣母
1952年	《郭子仪探地穴》	观音
1952年	《十把穿金扇》	米腊金
1953年	《张彦休妻》	白玉楼
1953年	《罗章跪楼》	红月娥
1953年	《辕门斩子》	穆桂英
1953年	《破洪州》	穆桂英
1953年	《孟姜女哭长城》	孟姜女
1954年	《梅龙镇》	李凤姐
1954年	《刘金定下南唐》	刘金定
1954年	《游龟山》	胡凤莲
1954年	《刘伯温出世》	狐狸仙
1954年	《三不愿意》	大姐
1954年	《大佛殿》	侯美荣
1954年	《嫦娥奔月》	嫦娥
1954年	《烟火棍》	九妹
1954年	《红罗帐》	兰芝
1954年	《风雪配》	媳妇
1955年	《乔太守乱点鸳鸯谱》	惠娘
1955年	《父子结拜》	张桂英
1955年	《水漫蓝桥》	蓝瑞莲
1955年	《桃花庵》	尼姑
1955年	《吕洞宾戏牡丹》	牡丹
1955年	《回龙传》	杨秀英
1955年	《红楼梦》	林黛玉
1955年	《棒打无情郎》	金玉奴
1955年	《光明大道》	农妇
1955年	《卖油郎独占花魁》	花魁女

1956年	《孙安动本》	孙安妻
1956年	《对花枪》	姜桂芝
1956年	《小借年》	小姑
1956年	《周仁献嫂》	周仁妻
1956年	《重缘》	媳妇
1956年	《拐磨子》	李茂妻
1956年	《喝面叶》	梅翠娥
1957年	《杨乃武与小白菜》	小白菜
1958年	《孝妇冤》	孝妇
1959年	《陈三两爬堂》	陈三两
1959年	《恩仇记》	朴巧珍
1959年	《血海冤仇》	朴巧珍
1960年	《李二嫂改嫁》	李二嫂
1962年	《夜访》	罗凤英
1962年	《沂河两岸》	书记妻
1964年	《朝阳沟》	栓宝娘
1968年	《红灯记》(新)	李奶奶
1968年	《向阳商店》	老太太

后记

柳琴戏作为鲁南苏北地区一个土生土长的地方剧种，在鲁苏豫皖四省交会的地区生根发芽，并日臻完善。当地群众对柳琴戏喜闻乐见，使这个剧种曾经影响了几代人。2006年，柳琴戏被国务院列入首批"国家非物质文化遗产名录"。近年来，在党和政府关怀下，柳琴戏传承、发展取得较大成绩。但随着时代的变迁，各种艺术形式进入人们的娱乐生活，柳琴戏的影响力大不如前，其在广大群众心中的印象也日益淡化。尤其是柳琴戏民间老艺人年龄老化，许多知名老艺人相继谢世，致使该剧种生命力愈加萎缩。

2016年，临沂大学依托与文化部民族民间文化发展中心共建的"中国戏曲音乐研究中心"；中国文联批准建立的"中国文艺评论基地"，举办了国家艺术基金"中国戏曲音乐理论与评论人才"培养项目，我们有幸成为项目学员，《戏篓子——尹桂霞评传》即是此项目的成果之一。从采写到成稿，这本书的创作历时一年。这一年，我们近距离感受着尹桂霞这位柳琴戏表演艺术家的悲喜人生，聆听她半个多世纪与柳琴戏相生相伴的舞台故事，记录下她珍藏在内心深处的一句句传统"拉魂腔"的经典唱词；这一年，我们跟随尹桂霞的记忆，重温了柳琴戏的兴衰历程……

对像尹桂霞这样的柳琴戏老艺人进行寻访,抢救挖掘她们身上所蕴含的艺术精髓,是迫在眉睫的事情。正是出于这样一种责任感和使命感,长年从事戏曲音乐研究的王秀庭教授才认真策划了"临沂戏曲艺术家评传丛书"项目,意在为年轻一代的柳琴戏演员打通艺术传承的系脉,构建起有序的代际传承生态链。这不仅体现了作为戏曲理论工作者的使命感,更是为了将这门古老的戏曲艺术的研究、保护推向更深层次。

从尹桂霞的爷爷尹成潭算起,柳琴戏已在尹家传承了五代,共计30余人从事柳琴戏艺术。其中尹成潭、尹成刚、尹作春、尹春玉、尹桂霞、李春生、尹桂云等皆为我国柳琴戏传承发展的中间力量;尹桂霞的丈夫李春生、尹桂霞妹妹尹桂云的女儿邵小环也是我国柳琴戏界较有影响和实力的演员。作为尹家的后人,邵小环现为国家一级演员、枣庄市柳琴剧团团长,是当今柳琴戏界颇俱影响力的代表人物。尹桂霞这位前辈艺人,她在解放前和建国后都曾名震一时,名字响彻鲁南苏北城乡。虽然她年事已高,退出戏曲舞台几十年,但她心里无时不装着柳琴戏、无刻不牵挂着柳琴戏的发展。虽年近九十岁,她仍时常到临沂艺术学校、临沂市柳琴戏传承保护中心与学生和青年演员们交流,这十分令我们感动。

都说人上了年纪难免会有些糊涂,但尹桂霞的思维非常清晰,记忆力惊人。她能准确地记得儿时初次登台所唱的那段戏,能一字不差地说出那一句一句的唱词;她能讲述起学戏时的种种艰辛,回味起台上精彩的表演引起阵阵喝彩的喜悦……尹桂霞的精力也很充沛,有时接受一天的采访,她也不会表现出丝毫倦意。我们能够清晰地感受到,柳琴戏是老人一生的精神财富,是她生命的支撑点和获得快乐的源泉,她的人生价值都包融在那悠扬的"拉魂腔"里。

尹桂霞一肚子戏,仅她能够说出戏名、饰演角色和初演时间的就有一百多出,这也是我们把这本书定名为《戏篓子》的原因;尹桂霞对于戏曲非常严谨,她在采访中给我们说的一些唱词,事后她会反复回忆、琢磨，发现有一个字或是某个词不对，就会立即打电话告诉我们，并一再嘱咐"一定要改过来"。我们知道，这是老人对柳琴戏艺术负责，她不想让自己传承下来的艺术带有瑕疵。

随着采访的深入，随着对尹桂霞的了解，我们把最初的这份工作变成了一种责任。我们有责任把"戏篓子"里装着的东西挖掘出来，我们有责任把这样一位老戏曲艺术家的个性、艺德、天赋、造诣等展示出来，我们有义务为柳琴戏的传承发展尽到自己的责任。

感恩与尹桂霞这位柳琴戏艺术家的相遇，感谢临沂大学国家艺术基金"中国戏曲音乐理论与评论人才培养"项目所给予的这个机会，感谢在采访过程提供素材的尹桂霞家人及各界知情人士。我们的水平有限，但我们的激情无限，我们用最大的努力去挖掘尹桂霞所走过的艺术人生，去勾勒这位老艺人的人品与艺德。我们希望这部评传，能够彰显柳琴戏与当时社会历史之间的关联、互动，能够凝聚和承载历史变迁的信息，能够为我们了解鲁南苏北地方戏曲与社会发展打开一扇窗。

作 者

（2017 年 7 月于山东临沂）